Justyna Polanska

Unter deutschen Betten

Eine polnische Putzfrau packt aus

W0197444

KNAUR TASCHENBUCH VERLAG

Besuchen Sie uns im Internet:
www.knaur.de

Originalausgabe Januar 2011
Copyright © 2011 by Knaur Taschenbuch.
Ein Unternehmen der Droemerschen Verlagsanstalt
Th. Knaur Nachf. GmbH & Co. KG, München
Alle Rechte vorbehalten. Das Werk darf – auch teilweise – nur mit
Genehmigung des Verlags wiedergegeben werden.
Umschlaggestaltung: ZERO Werbeagentur, München
Umschlagabbildung: FinePic®, München
Satz: Adobe InDesign im Verlag
Druck und Bindung: CPI – Clausen & Bosse, Leck
Printed in Germany
ISBN 978-3-426-78397-9

Inhalt

Prolog

Langsam drehte ich den Schlüssel. Das Schloss ging schwer. Mit meiner freien Hand zog ich die Tür fest an mich heran. Der Verschluss klackte hörbar.

Die Tür sprang auf.

Sofort schlug mir ein übler Geruch entgegen. So als wäre Fisch vor dem Kühlschrank vergessen worden.

Vor mehreren Tagen.

Herr Schneider, dem die Wohnung gehörte, war ein alleinstehender, älterer Herr. Er war freundlich und fürsorglich. An manchen Tagen fragte er mich, ob ich nicht nach der Arbeit einen Kaffee mit ihm trinken wolle.

Ich sagte nie nein.

Dann erzählte er mir Geschichten aus seiner Kindheit in Ostpreußen und fragte mich nach dem Leben in Polen.

Ich liebte meine Nachmittage bei Herrn Schneider.

Der Flur war dunkel, das war ungewöhnlich. Normalerweise hatte der ältere Herr »die Festbeleuchtung an«, wie er es nannte, »damit Sie mir nicht stolpern, Frau Justyna«.

Ein rührender Mensch.

Ich rief seinen Namen: »Herr Schneider, sind Sie zu Hause?!« Keine Antwort. Langsam machte ich mir Sorgen.

Er war immer zu Hause, wenn ich zum Putzen kam. Nicht, weil er mir misstraute, sondern weil er so selten Besuch bekam.

Wieder rief ich nach ihm.

Keine Antwort.

Ich knipste das Licht an und lief den Flur hinunter zum Schlafzimmer.

Der Gestank nahm zu und wurde unerträglich. Ich zog ein Tuch aus der Tasche und hielt es mir vor die Nase. Die Tür zum Schlafzimmer war geschlossen.

Ich klopfte: »Herr Schneider?«

Mein Herz schlug bis zum Hals.

Mit zitternder Hand drückte ich die Klinke herunter und öffnete vorsichtig die Tür.

Mein Magen revoltierte. Ich konnte den Brechreiz kaum unterdrücken. In meinem ganzen Leben hatte ich noch nie so etwas Furchtbares gerochen.

Im Schlafzimmer war der Rollladen heruntergelassen.

Es war dunkel.

Nur das Flurlicht fiel durch die geöffnete Tür auf das Bett.

Da lag Herr Schneider ...

Putzfrau hat Bananen
nie angefasst

Mit einem bizarren Fall putztechnischer Eskapaden machten im Mai 2008 die Schumachers auf sich aufmerksam.
Und zwar diesmal nicht in der Formel 1, sondern ganz privat:
Ihre Putzfrau Ulrike sollte angeblich Bananen aus der Küche
des Rennfahrer-Ehepaars geklaut haben.

Bananen!

Man stelle sich vor, es hätte sich bei den Schumachers um
wirklich reiche Leute gehandelt. Was die hochkriminelle
Ulrike dann wohl alles hätte mitgehen lassen … Softdrinks
vielleicht? Oder ein Käsebrötchen? Womöglich gar eine ganze Schokolade – Lindt am Ende noch!

Putzfrauen sind schon unverschämt; sie klauen nicht nur, sie
sind obendrein auch noch indiskret und hintertrieben. Cora
Schumacher, die zu ihren Mitarbeitern nach eigenen Angaben
immer ein gutes Verhältnis gepflegt habe, sagt dazu in der
»BILD«:

> »Jeder Hausfrau würde es bitter aufstoßen, wenn ihre Privat-
> sphäre von Dingen wie Lauschen, Spionieren, private Post
> öffnen oder Benutzung von privaten Gegenständen gestört
> wird.«

So was Fieses aber auch. Dabei meint man es doch gut mit
dem Personal.

Auf Coras nur fürsorglich gemeinten und immer extra mit der Hand geschriebenen Zetteln standen, nach »BILD«, sanfte Erinnerungshilfen. Oft in pädagogisch wertvoller Frageform:

>»Wo sind schon wieder die ganzen Bananen?«,
>»Wer macht immer die Nivea leer? Legt euch eine eigene Handcreme zu!«

Oder:

>»Für alle! Finger weg von unseren Sachen.«

Was lernen wir daraus? Kommuniziere mit Deiner Putzfrau immer nur in Schriftform, Du weißt nicht, vor welchem Gericht Du später noch Deine Unschuld beweisen musst.

Denn Putzfrauen sind grundsätzlich böse, sie sind keine normalen Menschen wie alle anderen.
Sie stehen am unteren Ende der sozialen Wertekette.
Sie sind primitiv, suchen ausschließlich ihren eigenen Vorteil und warten am Putztag nur darauf, dass Du endlich das Haus verlässt, um den Feudel von sich zu schleudern, Deinen Kühlschrank zu plündern, sich danach eine Zigarette anzuzünden und die Füße auf Dein Mohairsofa zu legen.

Kurz bevor Du wieder heimkommst, haben sie die Spuren ihres Treibens geschickt verwischt und täuschen Betriebsamkeit vor.

Aber Du merkst, dass sie nichts getan hat.
Indem Du mit dem Finger über den Bilderrahmen wischst.

Da klebt immer noch der Staub dran!
Und in der Ecke im Bad liegt auch noch der Krümel, den Du bewusst da hinplaziert hast.

Du hast sie überführt!
Sie betrügt Dich, nimmt Dein Geld und macht sich auf Deine Kosten eine schöne Zeit – faul ist sie nämlich auch noch.

Aber das wusstest Du ja schon immer.
So sind sie halt, die Putzfrauen.

Ich *bin* Putzfrau.

Bück Dich!

Mein Name ist Justyna. Ich komme aus Polen.
Meine Kunden beschreiben mich als »resolute Dreißigjährige«. Von meinem ersten ersparten Geld, das ich in Deutschland verdient hatte, kaufte ich mir einen Opel Tigra – da war ich angekommen.

Über meine Heimat kann ich nur sagen: Es gibt keine Perspektive. Man kann als junger Mensch in Polen nichts machen.
Viele meiner Freunde haben Abitur oder ein Studium und kochen in irgendeiner Kneipe für 350 Euro im Monat – wenn sie Glück haben.

Also bin ich nach Deutschland gegangen.
Ich will etwas erreichen.
Eine Ausbildung zur Visagistin vielleicht, ich suche noch. Gut soll sie sein, die Ausbildung – und hinterher auch einen Job bringen.
Einfach mal so machen?
Das will ich nicht. Ich bin zielstrebig und überlegt.
Beim Putzen verdiene ich wirklich nicht schlecht. Ich fahre dreimal im Jahr in Urlaub, Drei-Sterne-Häuser in der Türkei oder auch mal Tunesien.

Wobei es mir eigentlich nicht gefällt, wie die Einheimischen dort mit Frauen umgehen. Ich bin da sehr empfindlich, weil ich Wert darauf lege, eine stolze Frau zu sein.
Ich mag meinen Körper und ziehe mich gerne so an, dass ich ihn spüre. Das ist in Polen so üblich.

Dass viele Deutsche uns Polinnen das vorwerfen, weiß ich gut. Wir sähen »nuttig« und »billig« aus.

Aber ich verstehe oft umgekehrt nicht, warum wirklich schöne Frauen in Deutschland nicht mehr aus sich machen; sich ein bisschen körperbetonter anziehen, ein wenig schminken. Es muss ja nicht gleich so viel sein wie bei uns in Polen.

Aber auch bei uns gibt es Unterschiede.

Meine Schwester sagt immer: »Ich gehe nie ungeschminkt zum Bäcker.« Ich gebe zu, dass ich das schon gemacht habe …

Männer lieben Frauen, die etwas aus sich machen. Manchmal leider zu sehr. Aus meiner ersten eigenen Wohnung in Deutschland bin ich ausgezogen, weil ich auf dem Weg zur Arbeit ständig belästigt wurde. Und bevor ein falscher Eindruck entsteht: Ich gehe nicht in String-Tanga und Stöckelschuhen putzen.

Meist trage ich ein modisches T-Shirt über einer Jeans. Fertig. Aber meine Haare sind immer frisiert, die Nägel sind gemacht, und ich bin geschminkt.

Das scheint schon zu reichen, um manchen Männern den Eindruck zu geben, ich sei zum Sex bereit.

Gleich hier auf der Straße.

Egal mit wem.

Als ich nach Deutschland kam, wohnten in meiner Gegend hauptsächlich Marokkaner und Türken. Aber auch einige Deutsche und Polen, deren anzügliche und nicht besonders einfallsreiche Kommentare mir irgendwann zu viel wurden:

»Hey, Baby, willst ficken?«
»Ich mach Dich feucht!«

»Ich zeig Dir, was ein Mann ist!«
»Du wirst Gnade schreien!«
»Bück Dich!«
»Ich mach Dich glücklich!«
»Blas mir einen für 10 Euro!«
usw.

Und das täglich auf dem Weg zur Arbeit. Jeden Morgen und jeden Abend.

Das ist zum Kotzen.

Hier ist Halteverbot

Es ist schon sonderbar, was man manchmal als Ausländerin in Deutschland erlebt.

Zu allem gibt es eine Regel. Das alleine ist ja eher hilfreich und stellt Ordnung her. Aber dann gibt es auch immer noch einen, der diese Regel beaufsichtigt und darauf hinweist, dass man etwas falsch gemacht hat – vor allem im Straßenverkehr.

Wenn ich zum Beispiel mit dem Handy telefoniere, während ich Auto fahre, rennt mir an jeder zweiten Ampel jemand – meistens ein Rentner – hinterher, der mir frauenfeindliche Beleidigungen durch die geschlossene Fensterscheibe zubrüllt. »Blöde Arschkuh« ist dabei noch die harmloseste.
Telefonieren ist bei laufendem Motor verboten.
Das weiß ich.
Wildfremde Menschen zu beleidigen ist es aber auch.
Ich verstehe nicht, warum jemand meint, man könnte ein Unrecht mit einem anderen Unrecht beenden.
Ganz abgesehen vom geringen pädagogischen Wert solcher Aktionen. Denn ich will dann immer nur noch doppelt so auffällig am Steuer telefonieren.
Am besten noch, wenn gar keiner dran ist.

Es hilft auch nicht gerade, dass ich ein polnisches Autokennzeichen habe, damit ich den Nissan Micra, den ich mittlerweile fahre, in Polen versichern kann. Dort ist es billiger als in Deutschland. Natürlich erkennt man dadurch aber auch gleich am Nummernschild, dass ich Polin bin …

Einmal habe ich meine Freundin besucht, die an einem Imbissstand für Trucker als »Pommesfrau« arbeitet – und damit erstaunliche 2500 Euro im Monat verdient. Weil die Imbissbude aber direkt an der Straße steht, musste ich auf dem Bürgersteig daneben parken.

Unerlaubt. Gesetzeswidrig. Kriminell.

Ich saß noch keine fünf Minuten bei meiner Freundin, die gerade Mittagspause machte, da schlug ein älterer Herr mit brauner Strickjacke und cremefarbener Hose mit seinem Gehstock gegen meinen Wagen.

Er brüllte: »*Scheißpolacken – macht Euch heim in die Zone! Hier ist* HALTEVERBOT!«

Ich bin leicht zu erregen, deshalb sprang ich auf und schrie: »HALLO, *das ist mein Auto!*«

Nun erwartete ich ein Ende der Tirade. Vielleicht eine Entschuldigung. Aber weit gefehlt:

Er: Scheißpolacken – Ihr macht uns kaputt! Hau ab, du Ostblocknutte!

Ich: Weil mein Auto da steht, mache ich Sie kaputt?!

Er: HIER IST HALTEVERBOT!

Ich: ICH WEISS, aber das ist kein Grund, gegen mein Auto zu schlagen!

Meine Uneinsichtigkeit musste ihn wohl frustriert haben, denn er hob wieder den Stock und drosch nun auf das Autodach – das zum Glück zum Aufschieben und damit aus Stoff war.

Erst als der Imbissbudenbesitzer sich zwischen ihn und mein Auto schob und drohend die Faust hob, hielt der Amok laufende Wächter von Moral und Straßenrecht inne und zog fluchend ab.

Ich zitterte am ganzen Leib vor Angst und Wut.

Natürlich ist das kein Erlebnis, das stellvertretend für »die Deutschen« steht. Der Psychomann war deutlich durchgeknallt.

Außerdem zähle ich auch ganz viele wunderbare, lustige und intelligente Deutsche zu meinen Freunden.

Aber Sie glauben nicht, wie alltäglich mich Begriffe begleiten wie:

»Polackensau«
»Polenpeitsche«
»Ostpocke«
»Ostblocknutte«
und
»Wodkafresse«

Ausländerfeindlichkeit kann man eben nur als Ausländer spüren, und sie ist fast selbstverständlich da.

In Deutschland.

Auch in Westdeutschland.

Immer noch.

Wenn auch oft verdeckt, denn »politisch korrekt« ist sie glücklicherweise nicht mehr.

Darauf schreibe ich
Einkaufszettel

Trotz dieser unerfreulichen Episoden liebe ich mein Leben in Deutschland. Im Gegensatz zu meiner Heimat gibt es hier eben Möglichkeiten, Perspektiven, Zukunft. Und die will ich nutzen. Ich bin ehrgeizig und – so habe ich gehört – schlagfertig.

»Du hast einen Humor wie ein Hafenarbeiter«, meinte mal eine Kundin, »derb, aber liebenswert.«

Ich finde, am guten Humor zeigt sich, wie intelligent jemand ist. Die wirklich lustigen Menschen, die einen zum Lachen bringen, sind in aller Regel sehr schlau.

Ich bemühe mich, lustig zu sein.

Mein Deutsch ist nicht perfekt, aber ziemlich gut; nur ein polnischer Akzent und Schwächen in der Grammatik verraten meine Herkunft. Deshalb habe ich mir auch Unterstützung beim Schreiben geholt.

Mich nerven schlecht geschriebene Bücher selbst, und ich will, dass genau rüberkommt, was ich meine.

Das ist mir wichtig. Und ich kenne meine Grenzen.

Wegen meines Akzents bekam ich mehrere Jahre lang keine Wohnung. Am Ende haben die Vermieter sich immer gegen mich entschieden – sie wollten keine Polin in ihrem Haus.

Vor allem keine, die nicht nachweisen kann, was sie verdient.

Heute wohne ich mit meinem Mann in einer neuen Wohnsiedlung. Dort gibt es kaum Ausländer. Hauptsächlich deutsche Senioren. Die Leute sind freundlich. Es ist herrlich ruhig und angenehm zu wohnen.

An manchen Tagen muss ich ein wenig schmunzeln, denn irgendwie passiert es dann, dass auf der Straße nur Ruheständler mit grauen Schuhen und braunen Strickwesten herumlaufen.
So als seien sie geklont.
Nur eine ältere Dame, Frau Reinhardt, hat feuerrote Haare und meistens grüne oder türkisfarbene, wallende Kleider dazu an. Mit dicken Ketten und großer Handtasche. Sie ist 68. Ein herrlicher Farbtupfer im cremefarbenen Einerlei.

Dass wir Ausländer sind, spüren wir hier kaum; die alten Leute sind viel toleranter, als wir uns das zu Anfang gedacht hatten.

Nur eine Sache stört mich:
Fast jede Woche falle ich über Müll, wenn ich aus der Wohnungstür trete. Den haben irgendwelche Nachbarn auf dem Gelände gesammelt und uns vor die Tür gelegt.

Warum?
Für sie ist klar: Müll, der im Garten liegt, muss von Ausländern weggeworfen worden sein. Deutsche machen so was ja nicht.
Und weil wir die Einzigen sind, die nicht aus Deutschland kommen, tragen die ordentlichen Nachbarn den ganzen herumliegenden Müll geflissentlich zum vermeintlich Schuldigen zurück.
Tolle Detektive!

So ironisch man das auch sehen mag, es nervt mich natürlich total. Und weil ich bis heute nicht weiß, wer genau das macht, liege ich oft nachts wach und gehe alle Nachbarn durch, die es sein könnten, verwerfe wieder, überlege neu. Einige Nächte habe ich mir so schon um die Ohren geschlagen.

Ich finde das so ungerecht, für schmutzig und unordentlich gehalten zu werden, nur weil ich nicht von hier stamme. Und ich kann noch nicht einmal die »Schmutz-Detektive« zur Rede stellen. Das hat mich schon so weit gebracht, wieder wegziehen zu wollen. Aber mein Mann beruhigt mich dann immer wieder:

> »Du kannst nicht jedes Mal umziehen, wenn es Konflikte mit Nachbarn gibt. Die gibt es immer. Egal ob bei Deutschen, Italienern, Polen oder sonst wem.«

Er hat ja recht, aber es nagt trotzdem an mir. Denn meine Wohnung ist blitzsauber. Ich kann Schmutz nicht ertragen – warum putze ich wohl beruflich?

Richtig sauer wurde ich lange Zeit, wenn ich in den Wäschekeller musste. Auch hier war für einen meiner Mitbewohner offenbar klar: Wenn Filzfussel auf dem Boden herumfliegen, müssen die von chaotischen Ausländern liegengelassen worden sein.

Was macht also ein ordentlicher Mensch?

Er läuft die Treppen hoch in seine Wohnung, zieht ein weißes Blatt Papier aus dem Drucker, läuft die Treppen wieder hinunter in den Keller, sammelt alle Fusseln vom Boden auf, legt sie auf das weiße Blatt Papier und drapiert das Fusselblatt dann auf meiner Waschmaschine.

Fertig ist das Mahnmal ausländischer Dreckigkeit.

Diesen Nachbarn – der männliche Teil eines Seniorenpaares aus dem dritten Stock – habe ich allerdings einmal auf frischer Tat ertappt:

Ich war auf dem Weg vom Keller zurück in die Wohnung, da kam mir der Mann mit einem weißen DIN-A4-Blatt auf der Kellertreppe entgegen.

Vorher war mir aufgefallen, dass mehrere größere Wäsche-fussel fein säuberlich zu einem Haufen zusammengefegt worden waren. Ich hatte mich schon gewundert, warum die nicht gleich auch entsorgt wurden. Jetzt wusste ich es:

Sie sollten auf das weiße Blatt. Und dann auf meine Waschmaschine. Wie immer.

Überführt durch Indizienbeweis!

Also stellte ich den Mann auf der Kellertreppe zur Rede:

> Ich: Hallo, wofür brauchen Sie denn das Papier?
>
> Er: Äh, hallo! Ich muss mir was … aufschreiben.
>
> Ich: Im Keller?
>
> Er: Ja, ja. Wissen Sie, beim Waschen muss ich manchmal ein bisschen warten. Da schreibe ich Einkaufszettel.
>
> Ich: Sind Sie sicher, dass Sie es mir nicht auf meine Waschmaschine legen wollen? Mit Fusseln drauf!
>
> Er: Aber nein! Das ist wirklich nur für den Einkaufszettel.
>
> Ich: Na, da bin ich ja gespannt, ob nachher nicht doch ein Fusselzettel auf der Maschine liegt!
>
> Er: Ich weiß nicht, wovon Sie reden.

Danach war lange Ruhe. Keine Zettel mehr auf der Waschmaschine.

Leider nicht für immer.

Ich weiß nicht, ob es derselbe Nachbar war, seine Frau oder

andere. Jedenfalls leuchtete in unregelmäßigen Abständen immer mal wieder ein weißes Blatt mit Fusseln drauf auf meiner Waschmaschine.

Super!

Dann zogen Jessi und Cedric ein. In die Wohnung über uns. Ein junges Pärchen in unserem Alter. Wir hatten uns schon beim Einzug im Treppenhaus kurz vorgestellt. Nachdem alle Kisten ausgepackt waren, klingelte es an unserer Wohnungstür. Da standen die beiden mit einer Flasche Sekt und zwei Tüten Chips: »Wir sind die Neuen im Haus, habt Ihr Zeit?« Wir steuerten eine Flasche Wodka bei, und es wurde ein herrlicher Abend, an dem wir alle Nachbarn durchhechelten. Auch den mit den Filzfusseln.

Am nächsten Morgen wollte ich Wäsche machen und musste laut lachen, als ich in den Keller kam. Jessi hatte mit Lippenstift auf meine Waschmaschine geschrieben:

Hallo, lieber Fusselmann,
nimm mal jemand andern dran!

Ich fand es toll, dass Jessi für mich in die Bresche sprang. Auch das habe ich in Deutschland sehr oft erfahren: Menschen, die mir helfen, ohne selbst etwas davon zu haben. Ein deutsches Sprichwort, das mir sehr gut gefällt, heißt: »Wo viel Licht, da viel Schatten.«
Es gibt eben immer beides. Überall.

Aber unter dem Strich überwiegt deutlich das Licht.

Der Fusselmann allerdings gehört nicht dazu. Er ist übrigens auch der Nachbar, der schon seit jeher mit übertriebener Freundlichkeit grüßt, wenn ich ihm in der Tiefgarage begegne. »Guten Morgeeeeennn!!!« Der wünscht mir so süß und klebrig einen Guten Tag, dass ich mich innerlich schütteln muss.

Und danach geht er wahrscheinlich direkt Papier kaufen.

Meinen Namen kennt er nicht. Aber natürlich grüße ich ebenso freundlich zurück. Sonst heißt es noch, ich sei feindselig.

Manchmal muss man Doppelmoral mit Doppelmoral begegnen. Das macht das Leben leichter.

Aber manchmal muss man Doppelmoral auch entlarven. Damit der Druck nachlässt, den sie erzeugt.
Ich bin Putzfrau. Mir begegnet oft Doppelmoral. Ich bekomme sie deutlicher zu sehen als andere.

Und das ist das Privileg der Putzfrau: der Blick hinter die Kulissen.
Das ist mein Beruf.
Ich bekomme mit, wie es wirklich aussieht im Leben der Leute. Hinter der Fassade.
Und das ist nicht selten ganz anders als das, was sie nach außen präsentieren.

Ich sehe, wie es ist, und nicht, wie es sein soll.
Mich lassen die Leute hinter die Fassade und unter die Betten.

Und was ich da manchmal sehe, hätte ich früher nicht für möglich gehalten …

Die Putzfrau,
das unbekannte Wesen

Es gibt in Deutschland viele Putzfrauen. Wie viele, lässt sich aber leider nirgends herausfinden – weder ungefähr noch genau. Weder das Statistische Bundesamt noch die Stadtverwaltung oder das Allensbacher Institut konnten mir sagen, wer in Deutschland alles putzt.

Putzfrauen sind selten gemeldet. Putzfrau ist ein typischer Schwarzarbeiterberuf. Deshalb muss man bei der Ermittlung von Zahlen anders vorgehen. Nach Annahme und Logik:

Nehmen wir also vorsichtig an, dass eine Putzfrau erst bei einem Brutto-Jahresgehalt von über 75 000 Euro angestellt und pro Haushalt immer nur eine Putzfrau beschäftigt wird. Das Statistische Bundesamt hat in seiner neuesten Statistik in Deutschland gut zwei Millionen (genau: 2 074 804) solcher Vielverdiener-Haushalte ermittelt – somit käme man bei unserer Rechnung auf zwei Millionen Putzstellen. Öffentliche Gebäude nicht eingerechnet. Wenn eine Putzfrau im Schnitt zwei Putzstellen hat, bedeutet das, es gibt über eine Million Putzfrauen.

Allerdings nur, wenn jeder, der es sich leisten könnte, sich auch tatsächlich eine Putzfrau leisten würde.

Hier schon eine kleine Randnotiz: Manchmal beschäftigen auch Leute eine Putzfrau, die es sich eigentlich nicht leisten können. Und bezahlen sie dann nicht! Die Zahlungsmoral einiger Kunden lässt sehr zu wünschen übrig.

Doch dazu später mehr.

Zurück zu unserer Rechnung: Seien wir noch vorsichtiger und nehmen an, dass sich nur die Hälfte der Über-75 000-Euro-Haushalte, also genau 1 037 402, tatsächlich eine Putzfrau leisten.

Dann kommen wir auf gut 500 000 Frauen (und vielleicht ein paar Männer), die in Deutschland für Ordnung und Sauberkeit sorgen.

Zum Vergleich: Das sind mehr als die Angestellten von Deutsche Bahn, Lufthansa, Dr. Oetker, Schlecker, Merck, C&A, Porsche und Opel zusammen. Und das ist extrem vorsichtig gerechnet. Wahrscheinlich sind es weitaus mehr.

Hört man sich zudem im Bekannten- und Freundeskreis um, gewinnt man den Eindruck, dass es vor allem Frauen zwischen 20 und 55 sind, die putzen.

Zwar gibt es in Reinigungsfirmen einige Putz*männer*, aber die privaten Haushaltshilfen sind zumindest nach meinem Informationsstand durchweg Frauen.

Klar, ein Mann als »Putze«? Das hat etwas Lächerliches, Schändliches, Verruchtes.

Ein typischer Frauenberuf also.

Für das weibliche Geschlecht gerade recht. Klassisch okay.

Für den Mann eine Versagerprofession.

Hier deutet sich schon an, wie wenig geachtet die Stellung einer Putzfrau in unserer Gesellschaft ist. Allein die Berufsbezeichnung drückt soziale Unterschicht aus.

Deshalb mag ich es auch eigentlich nicht, wenn mich Leute »Putzfrau« nennen. Auch wenn ich mich hier selbst so bezeichne. Aber das ist etwas anderes.

Dabei schauen die meisten auf einen herab, als wäre man ein Mensch zweiter Klasse.

Wenn ich anderen erzähle, was ich mache, sage ich lieber: »Ich putze.« Oder: »Ich helfe im Haushalt.« Das stimmt ja auch, und es hört sich irgendwie besser an als »ich bin Putzfrau«.

Dann meinen viele Leute gleich, man sei untere Schublade. Aber das meinen einige ja sowieso – schließlich bin ich zusätzlich noch Polin.

Ausländische Putzfrauen scheinen eher jünger zu sein, deutsche eher älter. Die typische deutsche Putzfrau ist über 35, die afrikanische, türkische, kroatische, portugiesische oder polnische auch gerne mal 20. Im Internet heißt es, das liegt auch daran,

> »dass es die jungen Leistungsträgerinnen aus wirtschaftlich begrenzten Staaten sind, die die Kraft, den Mut und die Vision haben, sich in ein fremdes Land aufzumachen, um ganz unten anzufangen. Mit Hoffnung auf ein besseres Leben.«

So was macht man eben eher mit 20 als mit 45. Junge Frauen aus Deutschland haben mit 20 wohl kaum den Traum zu putzen. Träume in Deutschland sehen anders aus.

In Polen aber nicht: Da träumt man von einer Karriere in einem Land, das Zukunft bietet.

Wenn das Putzen bedeutet: kein Problem. Wobei England mittlerweile für Polen viel attraktiver ist als Deutschland, aber das ist wieder ein anderes Thema.

Fest steht: Egal welcher Nationalität, die typische Haushaltshilfe ist weiblich und sozial wenig geachtet, besonders von
ihren Arbeitsherren oder -damen.

Sie sind ein Engel

Wenn ich eine neue Putzstelle suche, setze ich eine Anzeige in die Zeitung. Sie hat immer denselben kurzen Text:

Putz- und Bügelstelle gesucht
Tel.: 0178 275 780 78

Das kostet wenig und sagt alles aus. Bei längeren Texten müsste ich 20 Euro bezahlen – und manchmal ruft gar keiner an. Aber meistens bekomme ich zwei, drei Anrufe. Das reicht.

Allerdings sind nicht alle so angenehm. Viele Leute wollen eben keine Polen in ihrem Haus.
Natürlich sagen sie das nicht direkt, man will ja nicht als ausländerfeindlich gelten.
Das gehört zur Fassade.
Aber dahinter sieht es anders aus, denn oft laufen die Gespräche so:

Anrufer: Guten Tag, Sie suchen eine Putzstelle?
Ich: Ja, das stimmt.
Anrufer: Wo kommen Sie denn her?
Ich: Aus Polen.
Anrufer: Danke, hat sich erledigt.
Anrufer legt auf
Ich: Idiot!

Wenn die meinen polnischen Akzent hören, behandeln sie mich, als käme ich aus dem Knast! Und selbst wenn!
Die Leute machen sich oft gar nicht bewusst, dass ich als Putzfrau auch ein Mensch bin.

Ein Beispiel:
An einem sehr heißen Sommertag putzte ich bei einer jungen Familie Fenster. Draußen waren 34 Grad im Schatten.
Ich mache Fensterputz ganz gerne, denn mich stören schmutzige Scheiben sehr. Und das ist wirklich eine Arbeit, bei der man am Ende belohnt wird, weil man sieht, was man gemacht hat – wenn die Sicht wieder richtig klar ist.

Nachdem ich also schon fast die ganze Wohnung auf Vordermann gebracht und gebügelt hatte, waren zum Schluss noch die Küchenfenster dran.

In der großen Wohnküche saßen gerade die Mutter und ihre beiden Söhne, 9 und 12, mit der Oma.
Weil es so heiß war, dass man sich kaum bewegen konnte, ohne in Schweiß auszubrechen, bereitete die Mutter kühle Getränke. Sie nahm Eiswürfel aus dem Kühlfach, zerdrückte Limetten in einem Glaskrug und füllte ihn mit Limonade auf.
Ich fand das sehr fürsorglich und freute mich auf die kühle Erfrischung. Ich konnte die Limetten schon förmlich schmecken, während ich mit meinem Mikrofasertuch das Fenster polierte.
Der Schweiß rann mir in Strömen die Arme hinab und tropfte auf den gefliesten Küchenboden.
»Macht nichts«, dachte ich, »da wische ich nachher noch mal drüber.«

Noch eine Scheibe, dann konnte ich endlich etwas trinken.
Die Mutter nahm Gläser aus dem Küchenschrank.
Jeder bekam eines.

Es waren vier.

Nachdem Mutter, Kinder und Oma ausgetrunken hatten, war
der Krug leer und die Küche schnell verlassen.
Auf ihrem Weg zur Schattenterrasse flötete mir die Mutter
noch über die Schulter zu:

»Und den Krug können Sie in die Spülmaschine stellen! Sie
sind ein Engel! Dankeeeeeeeee!«

Danke auch!

Nein, schon klar: Putzfrauen haben keinen Durst, und auch
sonst keine Bedürfnisse, sie sind Putzautomaten …

Wo lernt man so was?

Wie groß ist Ihr Busen?

Meistens melden sich auf meine Anzeigen Frauen. Der Grund ist sicher, dass es immer noch Sache der Frau ist, den Haushalt zu schmeißen.

Da können die Emanzipierten sagen, was sie wollen. Selbst, wenn bei einem Paar beide arbeiten gehen, ist die Frau diejenige, die mich »managt«.

Meine Auftraggeber sind fast immer die Frauen des Hauses.

Aber manchmal rufen auch Männer an. Nur geht es dann in der Regel um etwas anderes:

Handy klingelt

Ich: Hallo?

Er: Wer ist da?

Ich: Ja, Sie müssen sich vorstellen. Sie haben doch angerufen.

Er: Sie haben eine Annonce in der Zeitung wegen einer Putzstelle?

Ich: Ja, stimmt. Haben Sie eine zu vergeben?

Er: Eventuell. Wie alt sind Sie denn?

Ich: 31.

Er: Und woher kommen Sie?

Ich: Aus Polen; aber ich lebe schon über zehn Jahre in Deutschland.

Er: Klasse. Sie sind verheiratet?

Ich: Ja. Warum?

Er: Ich bin auch verheiratet.

Ich: Aha.

Er: Welche Unterwäsche tragen Sie?

Ich: Wie?

Er: Rot? Ich fände es toll, wenn Sie rote Unterwäsche tragen würden ...

Ich: ICH SUCHE KEINE FICKSTELLE, SONDERN EINE PUTZSTELLE!!!

Er: Ich bezahle auch gut!

Ich: Perverser Idiot!

Ich lege auf.

Man muss nicht meinen, so etwas wäre erfunden. Mindestens jeder zehnte Anruf läuft so ab.

Anscheinend ist die verheiratete Putzfrau in roter Unterwäsche ein Fetisch-Traum, den sich einige Männer gerne für zehn Euro die Stunde erfüllen würden.

Noch billiger geht es als Telefonsex:

Handy klingelt

Ich: Hallo?

Er: mmmmhhhhmmmmjaaaaaaaaa!

Ich: Hallooooo?

Er: ah, ah, ah, hmmmmmm, mmmmhhhhhmmm!

Ich: HALLO?!

Er: mmmgggnnnmmmmmAAAAAHHHHHH!

Ich: HAST DU SIE NOCH ALLE?!

Ich lege auf.

Mehr fällt mir dazu nicht ein. Ich versuche das mit Gelassenheit und Humor zu nehmen. So ist es eben.

Aber wenn mir Frauen auffällig betont erzählen, dass ihre Männer ja immer ach so treu sind und sie sich blind auf sie verlassen können, kommen mir die notgeilen Anrufer ins Gedächtnis, und ich denke: »Die Hand würde ich dafür nicht ins Feuer legen, meine Liebe.«

Die Fassade sieht mitunter fleckenlos aus, aber dahinter klebt nicht selten Sperma an der Wand …

Wie bei Frank aus Kassel.

Ich hatte vor kurzem eine Anzeige in die Zeitung gesetzt, weil ich zwei meiner Putzstellen an meine Schwester abgegeben hatte. Die putzt auch wie meine Mutter und ich.
Für die Kundenakquise bin ich in der Familie zuständig.

Folgerichtig riefen am nächsten Tag ein paar potenzielle Auftraggeber an. Unter anderem auch ein Herr, der sich als »Frank aus Kassel« vorstellte und auf Anhieb sehr nett klang:

Ich: Hallo, Frank.
Er: Ich interessiere mich für Sie als Putzfrau.
Ich: Aha, freut mich.
Er: Ich bin oft auf Montage in Wiesbaden-Biebrich und brauche für meine Wohnung dort jemanden zum Putzen. Zu Hause putzt meine Frau, aber die ist ja nicht dabei … hahaha.
Ich: Wie groß ist denn die Wohnung?
Er: Zwei Zimmer nur – nicht so groß.
Ich: Brauchen Sie da wirklich eine Putzfrau? Da habe ich ja nichts zu tun … und die Fahrt müsste sich schon irgendwie lohnen, wissen Sie.
Er: Nein, nein, ich bezahle schon gut. Ich brauche einmal in

der Woche jemanden zum Putzen. Und dann noch einmal die Woche extra ...

Ich: Okay.

Er: Beschreiben Sie sich doch mal ein bisschen – so äußerlich.

Ich: Äähhh ... Na ja ...

Er: Sind Sie auch spontan?

Ich: Ja, schon.

Er: Haben Sie einen großen Busen?

Ich: Ja, ist doch egal, wie groß mein Busen ist, wenn ich zum
Putzen kommen soll!

Er: Wie wäre es, wenn Sie jetzt kommen und mir Ihren Busen zeigen?

Ich: Äh, haha ... äh ... das ist jetzt nicht Ihr Ernst, oder?

Er: Ich bezahle gut dafür.

Ich: Nein! So was mache ich nicht. Wiederhören!

Er: NICHT AUFLEGEN! Ich finde Sie sehr nett! Ich bezahle
richtig gut dafür, und Sie müssen nichts mit mir machen!

Ich: Ich bin ja nicht verklemmt, aber da habe ich wirklich keine Lust drauf.

Er: Aber ich bezahle auch WIRKLICH gut dafür!

Jetzt wollte ich es wissen.

Ich: Wie viel denn?

Er: 30 Euro!

Ich: HAHAHAHAAAAAHHHAAAA!!!!

Er: Jedes Mal!

Ich: Du spinnst!

Ich legte auf.

Ich weiß nicht, was mich mehr empörte, die plumpe Anmache oder der Preis.

Auf jeden Fall geht es mir einfach nicht in den Kopf, was Männer dazu veranlasst, auf eine völlig unzweideutige Anzeige in der Zeitung zu reagieren, als hätte ich mich vor ihnen nackt auf dem Sofa geräkelt.

Manchmal, denke ich, haben sie vielleicht Erfolg mit dieser Masche. Vielleicht brauchen junge Frauen das Geld oder finden es einfach aufregend.

Aber wo ist da der Unterschied zur Prostitution?

Ich habe nichts gegen Frauen, die für sich entscheiden, dass sie damit Geld verdienen wollen. Und ich bemitleide die, die es müssen. Meiner Lebens- und Berufsplanung entspricht es aber überhaupt nicht.

Nacktputzen – und dann noch für 30 Euro – finde ich einfach nur abgrundtief.

Und es zeigt, wie manche Männer ausländische Putzfrauen sehen:

als billige Sexobjekte, die zu ihrer Befriedigung herhalten sollen.

Auf eine Anzeige mit dem Text »Suche Fahrrad« oder »Suche Festanstellung als Fleischereifachverkäuferin« würden die Telefonate wohl anders laufen.

Und wenn sich eine Deutsche melden würde, vielleicht auch.

Obwohl … man steckt nicht drin …

Aber die Geschichte geht weiter: Ein paar Tage später klingelte wieder mein Handy; ich war gerade bei der Arbeit.

Er: Hallo, ich bin's. Frank!

Ich: Was willst Du denn noch? ES KOMMT NICHT IN FRAGE. Das hab ich Dir doch vor ein paar Tagen schon gesagt!

Doch Frank hat noch mehr Angebote im Bauchladen …

Er: Ja, aber wie wäre es, wenn Du mir zuschaust, wie ich mir einen runterhole.

Ich: OH GOTT! SPINNST DU TOTAL? RUF MICH NIE MEHR AN!!!

Danach schaltete ich mein Handy aus.

Mission einer Putzfrau

Ich erzähle meine Erlebnisse nicht, weil ich schockieren will. Ich bin keine Freundin von Übertreibung und Dramatisierung. Es geht mir vielmehr darum, die Realität darzustellen, wie sie ist.

Und nicht, wie wir sie gerne hätten.

Denn das ist eben das Privileg der Putzfrau: Wir schauen hinter die Kulissen. In dunkle Ecken. Unter die Betten. Menschen lassen uns ganz nah heran. In ihre privaten Räume. Wo sonst niemand hineindarf. Uns macht auf Dauer keiner etwas vor.

Wir Putzfrauen sind mehr als Dienstmädchen, wir sind Zeuginnen und Hüterinnen der Wahrheit.

Und die möchte ich erzählen.

Einmal Licht ins Dunkle bringen. Die Tür zum Privaten aufmachen. Ich möchte damit auf die oft schwierige Situation meiner Kolleginnen hinweisen. Was ich berichte, erleben wir alle in der einen oder anderen Form.

Es ist kein Zuckerschlecken als Putzfrau – und zusätzlich noch als Ausländerin. Meine Hoffnung ist es, dass der Umgang zwischen Putzfrau und Dienstherrin besser wird. Menschlicher.

Außerdem möchte ich meine Leserinnen und Leser entlasten.

Ich finde nämlich, dass es einen sehr entspannt, wenn man die Wahrheit hinter der Fassade sehen darf.

Denn wie oft meinen wir, so perfekt wie unsere Freunde, Verwandten, Nachbarn oder Kollegen können wir gar nicht sein.

So eine tolle Familie, so wunderbare Kinder, so einen treuen Ehemann, so viel Erfolg im Beruf, so viel Geld, so viel Glück …

Aber glauben Sie mir, hinter der Fassade klafft oft derselbe Abgrund wie bei uns allen.

Dieselben Ängste, derselbe Streit. Dunkle Begierden, Makel und Brüche.

Das zu wissen entlastet.

Wenn ich mal wieder mit meinem Mann gestritten habe, Geldprobleme mich belasten oder meine Mutter mich nervt. In allem Wahnsinn, den das Leben manchmal bringt, weiß ich, ich bin normal – denn es geht im Grunde allen so oder so ähnlich. Und vielen noch viel schlechter.

Es klingt vielleicht komisch, aber seit ich putze, lebe ich entspannter. Auch das ist ein Privileg der Putzfrau.

Aber es tut mir auch gut, meine Geschichte erzählen zu können. Das hilft mir, die Dinge zu verarbeiten.

Ich versuche oft, alles mit viel Humor wegzulachen. Doch ich bemerke mit den Jahren, dass auch immer etwas hängenbleibt von der fast ständigen Entwürdigung, die mit meiner Situation einhergeht.

Nicht immer, fast unmerklich, aber auf Dauer doch spürbar.

Und wenn ich so erzähle, erstaunt es mich selbst, wie auch nach all den Jahren manchmal eine Empörung und eine Traurigkeit durchbricht.

Damit hätte ich nicht gerechnet.

Aber manche Erlebnisse verletzen einen offenbar mehr, als man wahrhaben möchte.

Davon erzählen zu können hilft mir, weiterzumachen. Für die Möglichkeit dazu bin ich Ihnen, liebe Leserin und lieber Leser, sehr dankbar.

Ihr Interesse bestätigt mich darin, dass es gut ist, meine Geschichte erzählt zu haben.

Weil verletzende Dinge, die nicht gesagt werden, in einem schmoren und giftige Dämpfe entwickeln, die einen irgendwann ersticken.

Ich möchte mit diesem Buch auch andere zum Erzählen ermutigen. Ich möchte Bewusstsein schaffen für die Nöte von Putzfrauen in einem Land, das in vielem wunderbar ist, aber auch seine dunklen Seiten hat.

Es wäre schön, wenn ich ein wenig dazu beitragen könnte, dass Putzfrauen mehr als die Menschen gesehen werden, die sie sind. Vielleicht sogar als intelligente, mutige, patente Frauen, die mit beiden Beinen im Leben stehen und sich nicht zu schade dafür sind, den Schmutz fremder Menschen zu beseitigen, um Zukunftsmöglichkeiten zu haben und ihr Leben leben zu können.

Ich finde, so ein bisschen Weltverbesserer darf man schon sein. Denn wenn jeder ein bisschen dazu beiträgt, wird die Welt anders. Ein Tropfen macht noch keinen Ozean – aber ohne Tropfen gibt es gar kein Meer.

Ein winziges Stück heilere Welt – dazu möchte ich meinen bescheidenen Beitrag leisten.

Ich hoffe, das funktioniert auf diesem Wege und in dieser Form. Denn eine andere Möglichkeit habe ich nicht.
Die Merkels und Obamas dieser Welt können viel verändern.

Aber ich bin nur eine Putzfrau.

Zwischenspiel

Übrigens: Frank hat das Schweigen leider nicht ausgehalten. Ich war gerade beim Silberputzen bei einem pensionierten Rechtsanwalt. Seine Frau saß neben mir, und ich konnte nicht wirklich reden. Da klingelte mein Handy …

Ich: Hallo?

Er: Ja, hallo, Frank hier. Grüß Dich, wie geht's – weißt Du, wer ich bin?

Ich: Ja, ich weiß, wer Du bist.

Er: Du, ich habe mir Gedanken gemacht. Vielleicht habe ich einen zu niedrigen Preis genannt damals. Ich würde Dich gerne kennenlernen.

Ich: Ich kenne Dich nicht und ich will Dich nicht kennenlernen. Was willst Du eigentlich von mir?

Er: Überlege es Dir doch noch mal. Am Wochenende fahre ich für zwei Wochen heim zu meiner Frau. Danach melde ich mich wieder.

Ich: Du brauchst Dich nicht zu melden.

Er: Ich melde mich wieder.

Danach legte er auf. Ich weiß, ich sollte einfach nicht mehr antworten, aber mittlerweile bin ich gespannt, was er mir beim nächsten Mal anbieten wird.

Ich schätze, 40 Euro ist sein Limit.

Dafür wurde letzte Woche eine ältere Dame von einem Unbekannten erschlagen. Mal sehen, ob er meine Brüste höher ansetzt …

Verrückte Welt!

Aufbruch

Manchmal wird einem im Leben plötzlich klar, was nicht mehr geht.

Ich war an so einem Punkt als ich mit Anfang 20 aus dem Ostseeurlaub von Danzing in meine Heimatstadt Poznan (Posen) zurückkam. Der Urlaub war nett, aber ereignislos gewesen.

Ich kann mich heute an nichts mehr erinnern, was ich dort gemacht oder erlebt hätte. Ich weiß noch nicht mal mehr, mit wem ich unterwegs war.

Was ich aber noch genau weiß, ist der Moment, an dem ich wieder zu Hause in meinem Zimmer stand und mir plötzlich – als hätte mich ein Blitz getroffen – klarwurde: Ich muss hier weg!

Ich war gerade 21 geworden und wollte mein Leben nicht in Polen verbringen. Auf keinen Fall wollte ich so enden wie meine Mutter. Meine Eltern hatten damals ein Bekleidungsgeschäft in Leszno, in dem ich als Kind viel ausgeholfen hatte.

Es machte mir Spaß, die Kleider so zu ordnen, dass alles in den Regalen ordentlich aussah; bis heute genieße ich es, wenn ich nach getaner Putzarbeit noch einmal durch die Räume gehe und meinen Blick über all die Ordnung schweifen lasse. Das gibt mir ein gutes Gefühl.

Ich glaube, dass viele Leute, für die ich putze, mich darum beneiden würden, wenn sie sich vor Augen führten, dass am Ende meiner Arbeit immer ein Ergebnis steht, das man sehen kann.

Viele haben das nicht auf ihrer Arbeit.

Das ist ein weiteres der Privilegien, die wir Putzfrauen haben.

Ich wollte schon, solange ich denken kann, etwas Besonderes mit meinem Leben anfangen, etwas tun, was mir Spaß macht. Und an diesem Tag im August 1998, als ich gerade mitten in meinem Zimmer stand, entschloss ich mich, meine Heimat zu verlassen.

Es gab keinen Moment des Zögerns.

Heimlich nahm ich mir die Zeitung meines Vaters vom Küchentisch. Ich wollte niemanden beunruhigen, und auf endlose Gespräche mit meinen Eltern hatte ich keine Lust. Im Infoteil der Zeitung, sie hieß »ABC«, fand ich eine Anzeige, an die ich mich erinnere, als wäre es gestern gewesen; dort stand in fetten Großbuchstaben auf Polnisch:

Willst Du ein anderes Land,
andere Menschen und eine andere Kultur kennenlernen?
Ruf an!

Die angegebene Telefonnummer begann mit 0049. Mir war klar: Das war ein Anschluss in Deutschland. Mir hat sich diese Anzeige so sehr ins Gedächtnis gebrannt, weil sie mir die Erfüllung meiner Träume versprach: Alles anders. Alles neu.

Bloß nicht so enden wie meine Mutter in einem Bekleidungsgeschäft in Leszno. Heute übrigens wohnt meine Mutter vier

Straßen von mir entfernt ebenfalls in Deutschland. Noch nicht einmal ihr hat es gefallen, ihr Leben. Aber das ist eine andere Geschichte und die soll ein andermal erzählt werden.

Ich zögerte keinen Moment und wählte die angegebene Nummer von unserem Festnetzanschluss. Handys gab es damals zwar schon, auch in Polen, aber nicht für mich.

Die Leitung knackte.

Ich wollte schon auflegen, da kam nach einiger Zeit endlich ein fremdartiges Tuten, es klingelte.

Ich bekam Angst. Ich konnte ja kein Deutsch.
Was sollte ich sagen, wenn sich am anderen Ende jemand mit »Guten Tag« meldete? Das war alles, was ich auf Deutsch kannte – neben den Worten »Ja«, »Nein« und »Fenster«. In der Schule hatten wir damals nur Russisch gelernt, also hatte ich mir einen Privatlehrer besorgt, der mir Deutsch beibrachte. Aber weit waren wir offensichtlich nicht gekommen.

Keine Ahnung, warum aus dem Deutschunterricht ausgerechnet »Fenster« hängengeblieben war. Ob es ein Omen war, dass ich Putzfrau werden würde?
Das Schicksal hat Humor.

Auf der anderen Seite nahm jemand den Hörer ab.
Eine Frauenstimme fragte: »*Halo?*«
Ich war erleichtert: Eine Polin!
Ich stellte mich kurz vor und erzählte ihr, dass ich diese Anzeige in »ABC« gelesen hätte. Es würde mich interessieren, was dahintersteckt.

Sie bestätigte, dass es sich bei dem »anderen Land« um Deutschland handele. Sie vermittle Au-pair-Jobs. Hier ginge es konkret um eine Familie mit einem Kind in einer Stadt, die Offenbach hieß.

Sie suchten eine polnische Hilfe.

Ich würde auf das Kind aufpassen und im Haushalt helfen.

Für 400 DM im Monat.

Die Familie würde die Versicherung und die Schule bezahlen.

Ich würde umsonst bei ihnen wohnen, schlafen und essen.

Leider sei die Familie gerade in Ägypten zum Urlaub; deshalb könne sie die Sache noch nicht festmachen.

Ich sollte noch eine schriftliche Bewerbung mit Foto schicken, dann würde sie sich wieder bei mir melden.

Im Lauf unseres Gesprächs stellte sich außerdem heraus, dass die Frau aus einem Dorf ganz in meiner Nähe kam und schon vor Jahren nach Deutschland ausgewandert war.

Sie war vertrauenerweckend und wirkte seriös. Also versprach ich ihr, noch am selben Tag die Bewerbung fertig zu machen, verabschiedete mich und legte auf.

Offenbach!

Sofort rannte ich zum Bücherschrank. Da stand ein alter Atlas, den ich hastig herauszog. Schnell fand ich Deutschland und suchte diese unbekannte Stadt.

Es dauerte nicht lange und ich hatte sie gefunden.

Mein Herz machte einen Sprung. Das war ja gleich neben Frankfurt! Und das klang für mich damals wie »Amerika«, wie »offene, weite Welt«. Da wollte ich unbedingt hin!

Ich war so aufgeregt, dass ich gleich anfing, meine Bewerbung zu schreiben.

Am nächsten Tag schickte ich der Frau meine Unterlagen.

Dann musste ich zwei Wochen auf eine Antwort warten.
Es war eine bange Zeit. Ich dachte viel darüber nach, ob ich gut genug bin für den Job, ob man mich haben wollte und wie es wohl sein würde. Aber nie darüber, ob meine Entscheidung wegzugehen die richtige war. Das war mir immer klar.
Bis heute.
In der dritten Woche kam die Nachricht: Die Familie war einverstanden.

Die Polin rief mich persönlich an und überbrachte mir die freudige Botschaft.
Dann erklärte sie mir die Familie: Die Frau war Stewardess, der Mann Antiquitätenhändler. Gemeinsam hatten sie eine Tochter. Ich freute mich sehr und war unglaublich aufgeregt.
Endlich raus aus Polen!

Deutschland!
Dieses saubere, ordentliche Land, in dem man so modern lebte.
Mit Freiheit und Perspektiven. Wo mir die Welt offenstand.
Die Mauern des elterlichen Bekleidungsgeschäftes lösten sich in Luft auf. Ich stand im Freien, und vor mir erstreckte sich ein langer, weiter Weg, der sich in der Unendlichkeit verlor.
Es war ein wunderbares Gefühl. Ich konnte es nicht erwarten loszulaufen.

Aber ich hatte auch Angst. Denn ich wusste, dass viele Frauen aus Polen nach Deutschland verfrachtet wurden, um dann in einem Bordell wie Sklavinnen gehalten zu werden.
Ohne Pässe im fremden Land. Ohne Freiheit. Ohne Zukunft.
Ausgeliefert.

Ich versuchte mich zu beruhigen. Die Polin, deren Namen ich bis dahin noch nicht kannte, machte einen guten Eindruck. Sie war freundlich und bemüht. Wenn sie etwas versprach, hatte sie es bisher auch gehalten.

Ich hatte keinen Grund, misstrauisch zu sein. Mein Bauch sagte mir, das Risiko sei klein genug, um es zu versuchen. Aber wirklich los wurde ich meine Angst nicht.

Im Nachhinein bin ich froh darüber, denn die kleine Schwester der Angst heißt Vorsicht.
Und die bewahrt einen vor Verletzung und Gefahr.

Eine Tugend, die mir noch sehr willkommen sein sollte.

Gargamel und die Schlümpfe

Am 3. Oktober 1998 machte ich mich auf den Weg nach Deutschland.

Zu Hause hatte ich meine Tasche gepackt. Da hinein legte ich auch einen Liebesbrief von meinem Freund. Der Abschied war unspektakulär. Wir hatten uns ganz ohne Tränen umarmt und ausgemacht, dass wir uns Briefe schreiben und oft telefonieren würden.

Neben dem Liebesbrief hatte ich alle Winterklamotten in den Koffer gestopft, die hineinpassten.

Deutschland war ein kaltes Land.

Am Abend musste ich mit dem Zug zunächst nach Breslau fahren.

Der Abschied am Bahnhof fiel mir nicht schwer. Nur meine kleine Schwester würde ich sehr vermissen.

Sie ist neun Jahre jünger als ich.

Wir standen uns sehr nah und tun es bis heute.

Mein Vater bat mich noch, sofort anzurufen, wenn ich ankäme. Dann schlossen sich die Türen, der Zug setzte sich in Bewegung. Meine Familie winkte mir nach, bis ich sie aus dem Blick verlor.

Ich drehte mich um und schaute nicht mehr zurück.

Mein Ziel lag vor mir: Deutschland!

Ich fuhr ins Ungewisse. Und ich war neugierig. Was würde mich erwarten? Wie würde meine neue Familie sein? Wie lebten sie? Würden sie mich mögen? Was sollte ich sagen, wenn wir uns treffen? Würden sie mich mögen? Immer wieder dieselben Fragen ohne Antwort.

Ich würde es einfach auf mich zukommen lassen müssen. »Wie es ist, so ist es eben«, sagte ich mir und beschloss, die ungewisse Endlosschleife damit zu beenden. Ich kann das ganz gut. Diese Willensstärke hat mir bis jetzt im Leben immer wieder gute Dienste geleistet, und ich bin dankbar dafür; sie erspart Energievergeudung.

Von Breslau fuhr ein Bus direkt nach Offenbach. Das sind zwar nur 730 km – aber für mich bedeutete es eine Weltreise. Der Bus war ziemlich leer, so hatte ich zwei Plätze für mich alleine. Schlafen konnte ich nicht, aber meine Erinnerung an die Fahrt ist verblasst.

Um fünf Uhr früh kamen wir am Busbahnhof in Offenbach an.

Es war ausgemacht, dass mich dort »ein Mann« abholen würde, der meine Papiere mit Foto bei sich hätte. Mehr wusste ich nicht.
Würde ich heute dieselbe Reise unternehmen, hätte ich mich auf die Ungenauigkeit der Absprachen nicht eingelassen. Ich hätte zumindest sichergestellt, den Namen der polnischen Vermittlerin und meines Empfängers zu kennen. Und seine Adresse und Telefonnummer, falls wir uns verpassten.
Aber damals fiel mir gar nicht auf, dass ich all das nicht wusste. Ich war so naiv. Und nun stand ich am Busbahnhof in einer Stadt, die ich nicht kannte, in einem Land, dessen Sprache ich nicht sprach. Zum ersten Mal weg von zu Hause. Es war dunkel, und ich war allein. Weit und breit kein Mann in Sicht.

Ich wartete.

Alle anderen Fahrgäste waren lange verschwunden.

Es wurde halb sechs.

Nach einer weiteren halben Stunde kam ein Mann auf mich zu und sprach mich an.

Ich verstand kein Wort.

Er zog mein Foto aus der Tasche und deutet darauf. Mit Händen und Füßen versuchten wir uns zu verständigen.

Es war der Antiquitätenhändler.

Der Mann hatte lange, blonde Haare. Und er war alt – viel älter, als ich ihn mir vorgestellt hatte.

»Er sieht aus wie die blonde Version des fiesen Zauberers Gargamel von den Schlümpfen!«, fuhr es mir durch den Kopf.

Bis heute nenne ich ihn »Gargamel«, wenn ich von ihm erzähle.

Aber ich war ja nicht hier, um einen Mann zu treffen, der mir gefällt, sondern um spannende Erfahrungen zu machen. Und da passte Gargamel durchaus ins Konzept.

Wir stiegen in ein Taxi. Ich wunderte mich noch, dass Gargamel kein Auto hatte, aber vielleicht machte man das ja so in Deutschland.

Es war immer noch dunkel, und so konnte ich von der Stadt nicht viel sehen.

Mir fiel nur auf, dass alles so neu und gut in Schuss war. Die Fassaden der Häuser waren sauber, die Straßen ohne Löcher. Überall Pflanzen und Beete. Die Autos vor den Häusern waren teuer und sahen aus wie neu.

Aber als wir uns meinem neuen Zuhause näherten, fuhr mir der Schrecken in alle Glieder: Es war ein Geisterhaus!

Der Altbau sah aus wie ein Spukschloss. Als trieben dort nachts die Seelen mehrerer Generationen ihr Unwesen. Und es kam noch schlimmer: Innen waren die Wände blutrot gestrichen, überall hingen alte Porträts von Menschen, die schon lange tot sein mussten. Die Wände waren mit dunklem Holz vertäfelt, die Treppen knarrten, und das Geländer war morsch. Ich gruselte mich zu Tode.

Aber ich ließ mir nichts anmerken. Ich wollte tapfer sein. Ich hatte ja gewusst, dass ich völlig Neues erleben würde. Da musste ich jetzt durch.

Heute weiß ich, dass ich in der reichsten Gegend von Offenbach angekommen war; im sogenannten Westend, wo die Stadt quasi lückenlos in Frankfurt übergeht. Da gibt es viele dieser Geistervillen.

Heute möchte ich nie mehr in einem Altbau leben. Für mich kommt seitdem nur noch Neubau in Frage.

Aber das ist heute und das war damals.

Nachdem ich meine Koffer abgestellt hatte, gingen wir in die Küche und setzten uns an einen wackeligen Tisch. Gargamel redete auf mich ein. Dabei fiel immer wieder der Name »Magdalena«, und mir wurde klar, dass das der Name der Polin war, die mich hierher vermittelt hatte.

Ich nickte immer nur zu allem, was er sagte.

Dann zeigte er mir mein Zimmer im Dachgeschoss. Zum ersten Mal seit Stunden spürte ich Erleichterung: Es war gemütlich.

Er fragte mich, ob ich schlafen wolle, indem er seine Hände faltete, sie sich neben die Schläfen hielt und den Kopf schief legte. Das internationale Zeichen für Schlafen. Und diesmal konnte ich auf Deutsch antworten.

Ich sagte begeistert: »JA!«

Das Zimmer hatte ein ausreichend großes Bad und bildete mit einer kleinen Küche, die aber nie benutzt wurde, eine eigene Wohnung unter dem Dach.

Hier konnte ich mir gut vorstellen, ein Jahr lang zu wohnen, obwohl mich das Haus ansonsten sehr ängstigte. Mit gemischten Gefühlen schlief ich ein.

Erwachen

Gegen Mittag wachte ich auf und ging hinunter.
Gargamel saß schon am Küchentisch. Mit wildem Fuchteln gab er mir zu verstehen, dass seine Frau heute Geburtstag habe.

Mich wunderte, dass sie dann nicht da war; bei uns zu Hause feierten die Ehepartner ihre Geburtstage gemeinsam mit Familie und Freunden. Aber vielleicht ist das in Deutschland anders, dachte ich.

Gargamel redete weiterhin auf mich ein. Er wollte mir etwas erklären. Ich kniff die Augen zusammen und versuchte, seine Gesten und den Ton seiner Stimme zu interpretieren.

Irgendwann fiel bei mir der Groschen: Seine Frau lebte nicht mehr mit ihm zusammen. Sie war mit dem gemeinsamen Kind in eine eigene Wohnung gezogen.

Beide hatten sich vor einigen Jahren getrennt.

Ich war verwirrt.

Magdalena hatte mir doch von einer Familie erzählt. Darunter hatte ich mir alles andere vorgestellt als einen kauzigen Ehe-Single in einem Geisterschloss. Ich hoffte, ich hätte alles missverstanden, und hörte noch genauer hin.

Die Angst, in einem fremden Land gestrandet zu sein, kroch langsam in mir hoch. Ich hatte so viele schlimme Geschichten gehört von Frauen, die unter Drogen gesetzt und zur Prostitution gezwungen worden waren.

Sie waren alle mit der Hoffnung auf ein neues, freies Leben nach Deutschland gekommen – und man hatte nie mehr etwas von ihnen gehört. Was, wenn es mir ebenso ergehen würde?

Ich entschloss mich, die Panik nicht groß werden zu lassen. Ein weiterer Grundsatz, den ich in meinem Leben früh beherzigte. Ich schließe dann die Angst weg und versuche, die Situation pragmatisch zu sehen. Es gibt immer einen Ausweg.

Aber zunächst wurde es noch bedrohlicher.
Gargamel stand auf, kam auf mich zu, nahm mich am Arm und zog mich auf den Flur.
Mein Herz pochte wild, mein Körper spannte sich an, um sich auf die Flucht vorzubereiten.
Ich war dem Mann ausgeliefert.
Jetzt würde er mich ins Schlafzimmer zerren und …

Ich war starr vor Angst.

Aber statt die Treppe hinaufzugehen, näherten wir uns der Haustür. Gargamel öffnete sie, und wir standen im hellen Sonnenschein. Mein Körper entspannte sich schlagartig.
Da waren Menschen auf der Straße. Hier würde mir nichts passieren.
Er zog mich am Arm zu seinem Auto, das er an der Straße geparkt hatte.
Wieder stieg Angst in mir hoch.
Wo wollte er hin mit mir? Alle möglichen Szenen gingen mir durch den Kopf. Was wollte dieser fremde Mann bloß von mir? Warum hatte Magdalena mich nicht gewarnt? Sollte ich weglaufen?

Aber Gargamel begann, beruhigend auf mich einzureden. Er lächelte. So sah doch kein Vergewaltiger aus.
Oder doch?
Woher sollte ich denn wissen, wie einer aussah? Ich war so unerfahren damals. Heute könnte ich die Situation sicher besser einschätzen.

Damals ängstigte ich mich zu Tode.

Wir stiegen in den Wagen, und Gargamel fuhr los.
Ich sah die vielen alten Villen an uns vorbeiziehen, konnte aber wegen meiner Angst ihre herrschaftliche Schönheit ganz und gar nicht schätzen.
Ich war verloren zwischen Geisterschlössern in einem fremden Land.

In einer Seitenstraße kam das Auto zum Stehen. Wir stiegen aus. Gargamel klingelte an einem Mehrfamilienhaus, an der Sprechanlage meldete sich eine Frauenstimme.
Mir fiel ein Stein vom Herzen.
Die Tür wurde geöffnet, und wir gingen die Treppe hinauf in den fünften Stock bis unter das Dach. Alles war hell und sauber.

Oben stand die Frau, zu der die Stimme offenbar gehörte, schon in der offenen Wohnungstür. Sie begrüßte uns und stellte sich mir kühl und ohne Lächeln vor, ihr Name war Birgit.
Da verstand ich plötzlich: Das war also Frau Gargamel, und sie hatte heute Geburtstag.
Ich war unendlich erleichtert.

Trotz der distanzierten Art der Frau betrat ich voller Freude ihre Wohnung. Die war so ganz anders als das dunkle, alte Haus von Gargamel: Die Wände weiß, der Boden aus hellem Holz, die Einrichtung in leichten, warmen Erdtönen.

Überall schöne Kissen, Decken, Vasen, Kerzen und Pflanzen. Man sah, dass hier eine Frau wohnte. Große Fenster ließen den Tag herein. Hier gefiel es mir.

Birgit arbeitete als Stewardess oder »Flugbegleiterin«, das korrekte deutsche Wort dafür, wie sie mir erklärte. Wenn sie im Einsatz war, lieferte sie Alexandra, das gemeinsame Kind, bei Gargamel ab. Mein Auftrag war also, auf Alexandra aufzupassen, wenn sie beim Vater war.

So weit hatte ich verstanden.

Die beiden Eltern zogen sich nun ins Gespräch vertieft in die Küche zurück und überließen die Dinge – also mich – sich selbst.

Alexandra hatte sich schnurstracks hinter dem Sofa versteckt, als sie mich zur Tür hereinkommen sah. Sie war auch durch gutes Zureden nicht dahinter hervorzulocken.

Also beschloss ich, es erst einmal sein zu lassen und mir das Kinderzimmer anzuschauen. Zwar war ich von der Fülle der Spielsachen etwas überrascht, aber letztendlich war es nicht so anders, als mein Zimmer früher gewesen war: Die Wände waren rosa gestrichen, ein Schrank, ein Tisch und ein Bett.

Alexandra war sieben Jahre alt. Hier wohnte eine kleine Prinzessin. In jeder Hinsicht.

Später gab es Mittagessen. Ich war glücklich. Fleisch, Kartoffeln und Salat. Wie in Polen.

Als wir wieder fuhren, saß die Kleine immer noch hinter dem Sofa.

Das konnte ja lustig werden.

Queen Alexandra

Vier Tage nach meiner Ankunft und dem holperigen Vorstellungstermin bei meinem neuen »Pflegekind« eröffnete mir Gargamel, dass er am nächsten Tag mit seiner Ex-Frau, der Flugbegleiterin, für ein paar Tage in Urlaub fliegen würde. Ich würde mit dem Kind auf mich allein gestellt sein.

Nicht nur ich wurde damit rüde ins kalte Wasser geworfen. Auch Alexandra würden ihre Eltern einfach mal mit einer völlig fremden 21-Jährigen alleine lassen.

Die hatten Nerven.

Mir wurde aufgetragen, Alexandra um kurz vor sieben zu wecken, sie anzuziehen, zu kämmen, Frühstück zu machen und die Kleine in die Schule zu bringen. Zum Glück kannte sie den Weg, denn ich hatte keine Ahnung, wo ich hinmusste.

Am ersten Tag habe ich mich auf dem Rückweg so verlaufen, dass ich mit dem Taxi nach Hause fahren musste. Ein Luxus, den ich mir nicht oft würde leisten können.

Deshalb malte ich mir am nächsten Morgen auf dem Hinweg zur Schule eine Karte mit allen Abbiegungen und Straßennamen.

Das half.

Nach dem Schulgang kam ich nach Hause, putzte, wusch und spülte. Um 13 Uhr musste Alexandra wieder aus der Schule abgeholt werden.

Ich kochte Mittagessen. Dann beaufsichtigte ich sie bei den Hausaufgaben und spielte mit ihr, bis es Zeit war, das Abendessen zu kochen und ins Bett zu gehen.

Eine ganz normale Routine. Wenn man Kinder hat. Nur hatte ich ja keine und fühlte mich, als hätte jemand im Vorbeifahren an meiner Tür eine kleine vorpubertäre Prinzessin abgeworfen, die mich hasste, weil ich ihr nicht die Mutter ersetzen konnte.

Aber die war halt im Urlaub.

Alexandra war ein anstrengendes Kind. Immer wenn ich sie weckte, schrie sie:

»Hau ab, Du Arschloch!«

Aber das machte nichts, denn ich hatte ja keine Ahnung, was das bedeutet. Ich dachte, sie sei einfach schlecht gelaunt. Erst nach Monaten verstand ich die Bedeutung ihrer Worte. Sie sagte es noch oft genug.

Auf dem Schulweg klammerte sie sich an den Pollern fest und brüllte:

»Du Schwein, Du Sau, Du Arschloch, ich geh nicht weiter!«

An der Bushaltestelle gegenüber glotzten alle, aber ich wusste ja nicht, warum, denn ich verstand die Ausdrücke nicht. Ich zog sie einfach hinter mir her in die Schule.

Sie war ein kleiner Teufel!

Heute denke ich, dass das arme Kind einfach noch orientierungsloser war als ich. Die Eltern geschieden, mal eben in Urlaub gefahren und eine komische Fremde an der Hand!

Kein Wunder, dass Alexandra Angst hatte und wütend war.

Heute tut mir Alexandra leid.

Aber damals hätte ich sie gerne in dem Müllschlucker vor der Schule entsorgt.

Über die Verhältnisse

Irgendwann kam Gargamel dann wieder zurück. Und entpuppte sich schnell als einer jener Dienstherren, die einen Lebensstil pflegten, den sie sich eigentlich gar nicht leisten konnten.

Auch eine Form der Doppelmoral: Nach außen tut man wohlhabend, aber innen blättert der Putz.

Magdalena hatte gesagt, Gargamel sei Antiquitätenhändler. Aber er ging nie zur Arbeit und war eigentlich immer zu Hause. Und er war völlig abgebrannt. Er hatte von seiner Mutter die Villa und darin einige Antiquitäten geerbt, von denen er ab und zu ein paar verkaufen konnte.

Dass Gargamels Mutter allerdings nicht, wie ich annahm, gestorben war, sondern sich bester Gesundheit erfreute, erfuhr ich auf recht dramatische Art und Weise an einem Winterabend. Der Hausherr war ausgegangen und hatte mir eingebleut, niemanden hereinzulassen. »Absolut niemanden.«

Ich saß mit Alexandra gerade am Küchentisch, wo wir malten. Draußen war es dunkel. Da klopfte es am Fenster.

Herein lugte ein bleiches Gesicht. Es öffnete stumm den Mund.

Vor Schreck fiel ich fast vom Stuhl.

Alexandra rief: »Das ist Oma!«

Ich wusste nicht, was ich tun sollte. Ich durfte ja niemanden hereinlassen. Schließlich löschten wir schnell das Licht in der Küche, schlossen die Tür und gingen nach oben.

Danach klopfte niemand mehr, und es wurde auch nicht

geklingelt. Bis heute weiß ich nicht, was die Großmutter wollte.

Wahrscheinlich den Ausverkauf ihres Hauses stoppen.

Immerhin lebte sie in Aachen, wie ich später erfuhr, und der Weg von dort war weit. Es muss also wichtig gewesen sein.

Als Gargamel zurückkam, erzählte Alexandra ihm vom Besuch der alten Dame. Seine Reaktion war gelassen:

»Die Alte hat doch einen Schlüssel. Die ist doch drin gewesen, als Ihr geschlafen habt.« Und damit war für ihn das Thema erledigt.

Ich würde zu gerne wissen, was zwischen den beiden abgelaufen war. Sie hassten sich offenbar bis aufs Blut.

Aber wie dem auch sei, es hinderte ihn nicht daran, die Einrichtung der Villa zu verhökern. Ein Ölbild hier, eine Silberschale da. Aber das reichte hinten und vorne nicht.

Als mein Vater einmal aus Polen zu Besuch kam, musste er Gargamel chauffieren, weil der zwischenzeitlich auch das Auto versetzt hatte. Das war für mich ganz schrecklich, denn in Polen ist Gastfreundschaft eine der wichtigsten Tugenden. Lieber verschuldet man sich, als einen Gast nicht fürstlich zu versorgen.

Ihn zum Chauffeur zu degradieren wäre undenkbar gewesen.

Aber damit hatte Gargamel kein Problem.

Der Kühlschrank war fast immer leer. Es gab kaum etwas zu essen. Aber Hauptsache, ein Au-pair-Mädchen war im Haus …

Meine Aufgabe war es, aus dem, was irgendwo noch herumlag, etwas Essbares zu kochen.

So gab es fast immer Pfannkuchen, denn Mehl und Eier waren meistens da. Kein Käse, keine Wurst, kein Obst.

Den Milchreis, den ich mir einmal aus dem Kühlschrank nehmen wollte, musste ich zurückstellen: »Der ist für Alexandra«, hatte Gargamel verfügt.

Nur wenn Gargamel wieder ein Bild verkauft hatte, konnte eingekauft werden. Aber das geschah höchstens einmal im Monat.

Ich war ständig hungrig und brauchte dringend Hilfe.

Eine Woche nach meiner Ankunft hatte Magdalena uns besucht.

Sie hatte mal schauen wollen, wie es mir so geht.

Damals hatte ich erfahren, dass sie meine Vorgängerin gewesen war, als Gargamel und Birgit noch verheiratet waren.

Es hatte mir gutgetan, meine Muttersprache wieder zu hören und mich flüssig austauschen zu können.

Magdalena war ein wenig distanziert gewesen, aber hatte mir am Ende angeboten, dass ich sie anrufen könne, wenn ich etwas bräuchte.

Sie hatte berichtet, wie nett doch die Familie sei und dass ich es »sicher nie bereuen« würde, dorthin gekommen zu sein.

Sie hatte ja keine Ahnung …

Als ich wieder einmal rasenden Hunger hatte, kam ich auf ihr Angebot zurück und rief sie in meiner Verzweiflung an. Das Gespräch lief in etwa so ab:

Ich: Magdalena, ich bin so hungrig!

Sie: Dann iss doch was.

Ich: Es ist nichts da. Der Kühlschrank ist immer leer.

Sie: Komisch, als ich bei ihnen arbeitete, war immer etwas zu essen da.

Ich: Kann sein, da war ja auch noch Birgit im Haus.

Sie: Ach komm, Du übertreibst. Es muss doch was zu essen da sein.

Ich: Nein, nur ein bisschen Mehl und zwei Eier. Das reicht gerade für Alexandra. Was soll ich nur machen?

Sie: Tja … Du schaffst das schon. Ich muss jetzt weiter. Tschüss!

So viel zum Thema Solidarität. Nach diesem Gespräch wusste ich: Ich war allein.

Also riss ich mich zusammen, klagte nicht mehr und ernährte mich von da an widerspruchslos weiter von Toast ohne Butter, Nudeln ohne Soße und Pfannkuchen ohne Kompott.

Bei Gargamel beschwert hatte ich mich nie. Ich war zu schüchtern und hätte auch nicht gewusst, wie ich mich hätte ausdrücken sollen.

So gut war mein Deutsch damals noch lange nicht.

Einmal in der Woche durfte ich in die Stadt gehen. An meinem freien Tag. Aber ich kannte ja niemanden und war völlig isoliert.

Nur einmal, in der Volkshochschule, hatte ich zwei Polinnen kennengelernt.

Die eine war Putzfrau.

Vorher war sie wie ich Au-pair-Mädchen gewesen. Sie erzählte, wie ihre Familie sie immer mit in den Urlaub genommen hatte.

Nach Italien!

Davon konnte ich noch nicht einmal träumen. Mich hätte schon eine Tiefkühlpizza gefreut.

Erst viel später fand ich heraus, dass Gargamel auch meine Krankenversicherung, die mir versprochen worden war, nie bezahlt hatte. Deshalb musste ich, als ein Backenzahn Ärger machte, zu seinem Nachbarn gehen. Der war Zahnarzt und behandelte mich umsonst.

Ganz so intensiv scheint die Freundschaft der beiden aber nicht gewesen zu sein: Bei der Wurzelbehandlung sparte er an der Narkose.

Aber ich war ihm trotzdem sehr dankbar.

Er war wenigstens nett und bot mir an, jederzeit wieder kommen zu können.

Nur hoffte ich, sein Angebot niemals annehmen zu müssen.

Meine Deutschkurse an der Volkshochschule, die ebenfalls ausgemacht waren, bezahlte Gargamel nur im ersten Monat. Danach wollte er sie mir vom Lohn abziehen.

Aber den bekam ich sowieso fast nie in voller Höhe. Wenn ich Glück hatte, steckte er ihn mir scheibchenweise zu.

Also ging ich nicht mehr zur Schule.

Ich versuchte, meiner wachsenden Hoffnungslosigkeit Herr zu werden, indem ich regelmäßig nach Hause telefonierte. Dreimal die Woche eine Viertelstunde. Die Telefonate mit meiner Mutter, meiner Schwester und meinem Vater waren meine Highlights.

Aber nach zwei Monaten wurde der Anschluss abgestellt. Gargamel hatte seine Rechnung nicht bezahlt.

Die Ölheizung im Gewölbekeller ereilte dasselbe Schicksal. Ab Januar hatten wir keine Heizung und kein warmes Wasser mehr.
Also duschte ich mich mit kaltem Wasser.

Mein Leben in Deutschland war schlimmer, als es in Polen je gewesen war.
Ich überlegte, ob ich wieder nach Hause fahren sollte; ich hatte Heimweh. Aber Polen erschien mir damals schon so weit weg, und ich hatte meinen Traum noch nicht vergessen, wegen dem ich aufgebrochen war.
Nein, ich wollte es in Deutschland schaffen.

Gargamel hatte praktisch jede Woche eine andere Freundin.
Da wurde dann immer ein tolles Abendessen serviert. Manchmal durfte ich dabeisitzen und habe auch etwas davon bekommen.
Aber gerne tat ich das nicht, denn wenn ich am Tisch dabeisaß, schauten mich die beiden immer an, sagten etwas und lachten mich aus. Ich verstand ja nichts.
Natürlich ging er mit den Frauen immer ins Bett.
Einmal kam eine im roten Cabrio, sie war Zahnärztin und stöhnte beim Sex so laut, dass ich es zwei Stockwerke darüber in meinem Zimmer hörte.
Kurz vor dem Orgasmus schrie sie: »Du Hengst, Du Hengst, Du Heeeeengst!« Ich legte mir mein Kissen auf den Kopf.

Am nächsten Morgen behandelte mich die Reiterin wie eine Dienstmagd:

»Bringen Sie mir noch einen Orangensaft.«
»Junge Dame, Toast!«
»Die Eier sind zu weich. Bitte noch mal!«

Dabei lachte sie, als handele es sich um einen Spaß. An Gargamel gewandt, flötete sie:

»Ach, ist das schöööööön, so bedient zu werden.«

Und weil sie mich so mochte, wollte sie mir noch einen guten Rat mitgeben. So von Frau zu Frau:

»Sie müssen sich unbedingt mal Ihre Zähne bleichen lassen.«

Seitdem habe ich eine Abneigung gegen weibliche Zahnärzte.

Mir hatte Gargamel übrigens strikt verboten, Männerbesuch zu empfangen.

Es lebe die Doppelmoral!

Frohe Feste

Gargamel nahm mich nie irgendwohin mit. Noch nicht einmal zum Einkaufen. Nur einmal lud er mich ein: zum Fastnachtszug nach Mainz.
Ein Erlebnis der besonderen Art …
Ich fand es furchtbar: Hunderttausende in enge Gassen gepresst, dazwischen der Zug mit schweren Traktoren und vielen nervösen Pferden.
Bis elf Uhr hatten mir bereits drei Piraten vor die Füße gekotzt.

In Polen feiert man keinen Fasching. Normalerweise hätte ich es nett gefunden, dass mir mein Au-pair-Vater mal eine echt deutsche Tradition zeigen wollte.
Aber leider war der Beweggrund, mich mitzunehmen, ein anderer:
Alexandra wollte Bonbons fangen, und die musste jemand sammeln und am Ende heimtragen.

Während ich mit Alexandra auf dem Boden herumkroch und verklebte Süßigkeiten sammelte, riss Gargamel Frauen auf.
Ein seltsamer Brauch.

Zu Weihnachten holten mich meine Eltern heim nach Polen. Als sie am 20. Dezember vor der Tür standen, fiel ich ihnen mit überschwenglicher Begeisterung um den Hals.
Gargamel hatte, ganz entgegen seiner sonstigen Art, für die ganze Familie Weihnachtsgeschenke besorgt:

Einen tanzenden Weihnachtsbaum für meine Mutter, die etwas verwundert schaute, sich aber über die Geste freute.

Eine weihnachtliche Tischdecke für meinen Vater und für mich ein paar Duftseifen. Nette Aufmerksamkeiten.

Mein Vater hatte im Gegenzug – wie seitdem bei jedem Besuch – zehn Stangen Marlboro mitgebracht. Als Gastgeschenk. Am 22. fuhren wir heim nach Polen.

Weihnachten zu Hause war wunderbar!

Wir eröffnen den Heiligabend wie in Polen üblich mit dem Teilen der Oblaten, die wir aus der Kirche mitgebracht haben, und wünschen uns dabei frohe Weihnachten. Danach liest mein Vater die Weihnachtsgeschichte aus der Bibel vor. Nach dem Essen singen wir Weihnachtslieder und teilen Geschenke aus.

Aber in diesem Jahr waren die Geschenke nicht das, worauf ich mich am meisten freute.

Ich hatte Hunger. Und es gab zu essen, dass sich die Balken bogen.

Das traditionelle polnische Weihnachtsmenü besteht aus zwölf Speisen. Vier davon werden kalt gereicht, acht heiß. Alle sind fleischlos und aus ganz einfachen Zutaten zubereitet. Zur Erinnerung an die Armut der biblischen Hirten, die das Jesuskind in der Krippe anbeteten. Weil ich aus einer Region Polens komme, die sehr waldreich ist, gibt es bei uns die traditionellen Speisen meistens irgendwie mit Pilzen:

1. Barszcz z uszkami [Rote-Bete-Suppe mit Pilzteigtaschen]
2. Karp [Karpfen]
3. Pierogi z kapustą i grzybami [Maultaschen mit Kraut und Pilzfüllung]

4. Kapusta z grzybami lub groszkiem [Sauerkraut mit Pilzen oder Erbsen]
5. Zupa grzybowa [Pilzsuppe]
6. Ziemniaki z sosem grzybowym [Kartoffeln mit Pilzsoße]
7. Śledź w oleju albo w smietanie [Hering in Öl oder Sahne]
8. Krokiety [Kartoffelkroketten]
9. Kluski z makiem [Nudeln mit Zitrone und Mohn]
10. Ryba po grecku [Griechischer Fisch]
11. Kompot z suszonych owoców [Kompott aus trockenen Früchten]
12. Kutia [Süßer Weizenbrei mit Mohn und Honig]

Nach den Feiertagen hatte ich fünf Kilo zugenommen. Und sah endlich wieder aus wie eine normale 22-Jährige.

Der Kontrast wurde überdeutlich, als mich meine Eltern nach Weihnachten wieder in Offenbach ablieferten. Schon als wir über die Grenze nach Deutschland fuhren, schnürte sich meine Kehle zu. Aber ich wollte nicht umkehren.
In Offenbach angekommen, hatte Gargamel schon Abendessen für uns vorbereitet.
Meine Eltern waren geschockt:
Das waren trockene Kartoffeln. Mit Schale.
Dazu Schmelzkäse.
Und das war schon die Luxusvariante im Hause Gargamel.
Meine Eltern wussten gar nicht, was sie damit anfangen sollten. Aus Höflichkeit aßen sie ein wenig. Ich sah ihnen an, dass sie entsetzt waren.
Glücklicherweise hatten wir viel Essen aus Polen mitgebracht. Das reichte uns für ein paar schöne Tage.

Besonders Gargamel schmeckte es ganz vorzüglich …

Endlich frei

Dem Winter folgten Frühling und Sommer. Im August waren neun Monate vorbei. Wieder machte ich mich auf nach Polen. Zum Sommerurlaub.

Ich hatte Gargamel gefragt, ob ich danach meine Schwester mitbringen könnte. Sie war damals 13 und hatte Sommerferien. Mein Vater wollte sie vier Wochen später wieder nach Polen zurückholen.

Gargamel willigte ein. Wer jetzt aber meint, er hätte das aus Großmut getan, liegt falsch. Je mehr Arbeitskräfte im Haus waren, desto gelegener kam es ihm. Ob jetzt ein Zimmer mehr belegt war oder nicht, war ihm egal. Und natürlich hatten wir nichts zu essen.

Das Geld, das meine Schwester mitgebracht hatte, nutzten wir, um uns zu ernähren.

Im Kühlschrank war wieder nur … Licht.

Als wir ins Schwimmbad wollten, bat ich ihn um meinen längst fälligen Lohn.

Seine Antwort: »Wenn das ganze Haus geputzt ist, bekommt Ihr 20 Mark.«

Es blieb mir nichts anderes übrig, als zum Auftakt der Sommerferien mit meiner Schwester das Haus von oben bis unten zu putzen. Bei 30 Grad im Schatten. Da waren 20 Mark noch nicht einmal als Schmerzensgeld angemessen.

Aber der Putzmarathon hatte sich aus einem anderen Grunde mehr als gelohnt: Im Schwimmbad lernten wir zwei Jungs kennen. Kroaten. Einer kannte einen, der ein Bistro hatte und jemanden als Bedienung suchte.

Ein paar Wochen später liefen wir dort vorbei.

Der Bistrobesitzer war Türke und ein netter Zeitgenosse. Er sagte, ich könne sofort anfangen. Für 600 Mark im Monat. Und eine Wohnung hinter dem Bistro, eine Art Gartenhütte mit Bad und Küche, aber ohne Heizung, sei auch dabei.

Ich war euphorisch. Ich sah endlich eine Möglichkeit, mein Sklavendasein bei Gargamel zu beenden.

Meine Schwester und ich rannten, so schnell wir konnten, nach Hause und stopften alles in unsere Reisetaschen, was wir besaßen. Dann stellten wir sie heimlich vor die Haustür. Jetzt kam noch das Schwierigste: Gargamel.

Ich fand ihn wie immer vor dem Fernseher. Als er aufsah, baute ich mich vor ihm auf und sagte mit erstaunlich fester Stimme:

> »Ich gehe jetzt weg. Morgen komme ich wieder und hole meinen Lohn ab, den Du mir noch schuldest.«

Mehr konnte ich nicht mehr sagen, weil mir die Knie weich wurden. Ich befürchtete, dass Gargamel wütend werden und mich anschreien würde. Deshalb wartete ich nicht auf seine Antwort, sondern lief aus dem Zimmer.

Ich hoffte, meine Verkündigung hätte auch so ihre Wirkung voll entfaltet, denn immerhin schuldete er mir mittlerweile mehr als 2000 DM.

Meine Schwester und ich trugen unsere ganze Habe fünf Kilometer durch die Stadt. Dabei fühlte ich mich so leicht wie nie zuvor.

Ich war endlich frei.

Am nächsten Tag kam passenderweise mein Vater aus Polen, um meine Schwester abzuholen. Mit ihm fuhr ich zu Gargamel, um mein Geld einzusammeln.

Als ich die Tür aufschließen wollte, merkte ich, dass Gargamel über Nacht das Schloss ausgewechselt hatte. Er dachte wohl, ich wollte seine Bilder klauen.
Ich beschloss, das nicht als Beleidigung aufzufassen.
Ich hatte noch nie jemandem etwas gestohlen.
Er allerdings hatte mich um den Lohn betrogen.
Wirklich interessant, wie manche Menschen von sich auf andere schließen …

Ich klingelte. Gargamel machte auf und ging, ohne etwas zu sagen oder auf uns zu warten, wieder ins Fernsehzimmer zurück.
Mein Vater und ich hinter ihm her.
Auf dem Tisch lag Geld. Ich nahm es und zählte: 500 DM.
Ich fragte, wo der Rest sei.
Seine Antwort war ein gelangweiltes: »*Mehr habe ich nicht.*«
Dieser Mann widerte mich einfach nur an. Ich wollte mit ihm nichts mehr zu tun haben.
Also drehte ich mich um, schob meinen Vater wortlos hinaus und schloss die Tür hinter mir. Für immer.

Ich habe heute das Gefühl, damals zehn Monate lang im Gefängnis gewesen zu sein. Es war schrecklich gewesen.
Noch heute bekomme ich Beklemmungen, wenn ich an diese Zeit zurückdenke. Ich hatte Angst gehabt, war ausgeliefert gewesen und in vielerlei Hinsicht missbraucht worden.

Aber ich bin gegangen.
Ich bin kein Opfer geblieben, sondern habe mich befreit.
Dass ich das jederzeit kann, weiß ich seitdem.

Nachspiel

Ein Jahr später traf ich Birgit, Gargamels Ex-Frau, zufällig auf der Straße. Sie bat mich um meine Handynummer. Wenn sie Hilfe bräuchte, würde sie mich anrufen. Ein paarmal half ich ihr noch, bei Geburtstagsfeiern aufzuräumen und sauber zu machen.

Da war sie auf einmal eine ganz andere Person!

Sie erlaubte mir sogar, bei ihr zu essen.

Auch mit Alexandra hatte ich am Ende ein gutes Verhältnis. Ich besuchte sie ab und zu. Aber mittlerweile ist sie groß und braucht mich nicht mehr.

Als ich Magdalena ein gutes Jahr später mit ihrem Freund in der Fußgängerzone traf, erzählte ich ihr, dass ich eine neue Arbeit hätte und nicht mehr bei Gargamel wohnte.

Mit einem ironisch-verächtlichen Lächeln gab sie zurück:

»Na, dann hast Du ja jetzt Dein Essen.«

Sie nahm mir immer noch nicht ab, dass ich bei Gargamel fast nichts bekommen hatte. Die Frau, die wie ich aus Polen kam und 15 Kilometer von mir entfernt geboren worden war, hatte mich nicht nur komplett hängenlassen, sondern glaubte mir auch jetzt noch nicht, dass ich die Wahrheit erzählte.

Gargamel traf ich im Schwimmbad wieder. Mein Freund war dabei. Er kannte die Geschichten. Wir schauten uns an und lachten.

So wie Gargamel mit seinen Freundinnen am Esstisch über mich gelacht hatte.

Es tat gut.

Manchmal fahre ich an der alten Villa vorbei.
Sie steht noch. Aber ob noch etwas drin ist, weiß ich nicht
genau.

Zur Putzfrau

Der Job im Bistro war okay.
Es gab da nur Getränke und Karten spielende Männer. Hauptsächlich Türken.
Wer etwas zu essen haben wollte, konnte bei mir bestellen. Ich lief dann zu einer Pizzeria oder Dönerbude und überbrachte die nahrhafte Fracht an den Tisch. Zusammen mit einem Tee oder einem Bier.

Die Männer spielten meist den ganzen Abend Karten. Wer verloren hatte, musste die Rechnung bezahlen.
Ich bekam nie Trinkgeld. Es war offenbar nicht üblich, der Bedienung etwas zu geben.

Die Gäste waren dagegen sehr geneigt, von mir etwas zu bekommen: Aufmerksamkeit, Dates oder meine Telefonnummer. Manche wurden sehr zudringlich, aber ich war einfach froh, dass ich endlich für meine Arbeit bezahlt wurde.
Ich hatte ein Dach über dem Kopf und einen freundlichen Chef. Was wollte ich mehr? Ich war glücklich. Endlich hatte ich mein eigenes Geld.

Meine Schicht begann ich um die Mittagszeit; meistens gegen 13 Uhr. Zwölf Stunden später war ich fertig.
Einen freien Tag gab es nicht.
Aber wenn ich wollte, konnte ich zwischendurch auch mal eine Stunde in die Stadt gehen und mich mit Freunden treffen.
Das tat ich fast jeden Tag.

Mein anfängliches Glücksgefühl über die neu gewonnene Freiheit wich nach einigen Wochen einer gewissen körperlichen Erschöpfung. Wenn ich nachts um eins mit der Arbeit fertig war, konnte ich nicht gleich schlafen. Vor drei ging ich selten zu Bett.

Die restlichen neun Stunden waren auf Dauer einfach zu wenig zum Schlafen, Einkaufen, Kochen, Saubermachen und Freundetreffen.

Mein Leben bestand eigentlich nur noch aus Arbeit.

Zeitmäßig schrubbte ich die Arbeitswoche eines Topmanagers herunter. Leider nicht gehaltsmäßig …

Ich war mehr als 80 Stunden pro Woche im Bistro und hatte bald das Gefühl, ausgebrannt zu sein.

Das schaffte ich auf Dauer einfach nicht. So wurde mir klar, dass ich mir mittelfristig etwas anderes suchen musste, um meinen Lebensunterhalt in Deutschland zu verdienen, denn dass ich hier bleiben wollte, hatte ich mittlerweile beschlossen.

Weil ich hörte, dass viele Polinnen eine Putzstelle hätten, wollte ich mir auch eine suchen.

Bevor ich im Bistro anfing, hatte ich ein paar Jungs in der Stadt kennengelernt. Albaner.

Meine Schwester und ich hatten auf einer Bank gesessen, und die beiden hatten uns angesprochen. Sie waren nett. Also tauschten wir unsere Nummern aus.

Einer von ihnen rief mich am nächsten Tag an.

Wir trafen uns ein paarmal.

Adem war süß, hatte lange, schwarze Haare und sanfte braune Augen. Ich erinnere mich noch gut, als ich ihn zum ersten Mal sah. Er gefiel mir auf Anhieb. Sein großer, durchtrainierter Körper zeichnete sich unter dem dünnen, eng anliegenden T-Shirt ab, das er trug.

Und er war witzig.

Er bemühte sich sehr um mich. So dauerte es nicht lange, bis wir beide ein Paar waren.

Adem hatte Verbindung zu einer Putzgesellschaft, die in Schulen und anderen öffentlichen Einrichtungen für Ordnung und Sauberkeit sorgte. Eine deutsche Firma.

Dort gab es die Möglichkeit, ohne Lohnsteuerkarte zu putzen. Schwarz.

Ich heuerte an.

Jeden Tag wurde ich um 17 Uhr im Gemeinschaftsbus vor meiner Haustür abgeholt und fünf Stunden später wieder abgeliefert.

Das war wesentlich entspannter als der Job im Bistro.

Von 80 Wochenstunden fiel ich so innerhalb eines Tages auf nur noch 28.

Fahrtzeit exklusive.

Für damals 15 Mark pro Stunde bar auf die Hand.

Also 60 Mark pro Tag.

Das war am Ende sogar noch viel mehr Geld, als ich im Bistro verdient hatte. Und mein Leben entspannte sich dadurch total.

Allerdings musste ich mir nun eine eigene Bleibe suchen, weil ich die Wohnung hinter dem Bistro natürlich verlassen musste.

Ich zog bei meinem Freund ein.

Das war zu der Zeit, als Kosovo-Albaner wegen des Krieges Asyl in Deutschland erhielten. Nachdem der »Kosovokrieg« Mitte 1999 beendet war, mussten die Flüchtlinge in den Folgejahren Deutschland nach und nach wieder verlassen.

Auch Adem musste zurück nach Albanien. Seine beiden Schwestern hatten die Erlaubnis zu bleiben. Die eine war in Hamburg mit einem Albaner verheiratet, der einen deutschen Pass hatte. Die andere wohnte auch in Offenbach und war als Frau eines deutschen Arztes ebenfalls vor der Abschiebung sicher. Nur Adem hatte niemanden mit deutschem Pass.
Ich konnte ihm leider auch nicht helfen.

Im Blick zurück hätte ich es gerne getan. Obwohl unsere Beziehung damals schon nicht mehr stark war.
Denn Adem war krankhaft eifersüchtig. Kaum eine Minute ließ er mich aus den Augen. Hinter jedem männlichen Gesprächspartner vermutete er einen Rivalen. Er zweifelte meine Treue permanent an. Mit Freundinnen durfte ich mich nur alleine treffen, wenn er mich absetzte, um sich zu vergewissern, dass auch keine Männer da waren. Selbstverständlich holte er mich auch immer persönlich ab.
Ich bekam langsam keine Luft mehr.

Als er einmal zur Beerdigung eines Freundes, der im Krieg gefallen war, nach Albanien flog, verabschiedete Adem sich mit den Worten: »Wenn Du mich verlässt, gehe ich sofort in den Kosovo zurück!«
Das war als Drohung an mich gedacht.
Er hatte ja keine Ahnung, dass ich zu diesem Zeitpunkt die Vorstellung, ohne ihn zu leben, ganz und gar nicht mehr bedrohlich fand.
Im Gegenteil.
Ich wünschte nur, wir hätten uns unter günstigeren Umständen trennen können. Aber wann ist eine Trennung schon »günstig« …

Und so kam es, wie es kommen musste:
Als Adem im Kosovo seinen Freund beerdigte, packte ich meine Sachen und zog zu Freunden in deren WG.

Als er zurück war, wollte er mich unbedingt treffen, aber ich war dazu nicht mehr bereit. Mit ihm reden? Worüber?
Außerdem war Adem sehr aufbrausend und hatte mich schon einmal fast geschlagen, als er wieder im Eifersuchtsrausch meinte, ich hätte ihn betrogen.
Ich hielt es für sicherer, mich nicht mehr mit ihm zu treffen.

Mein Bauchgefühl wurde bestätigt, als ich Adem ein halbes Jahr später in der Stadt traf. Ich hatte ihn erst gar nicht bemerkt. Plötzlich stand er wutschnaubend vor mir, ein Klappmesser in der Hand und fuchtelte damit wild vor meinem Gesicht herum:

»Ich bin extra wegen Dir zurückgekommen! ICH BRING DICH UM!«

Ein Freund hielt ihn gerade noch zurück.

Ich konnte danach vor lauter Angst tagelang nicht alleine auf die Straße gehen.
Ein paar Monate später hörte ich, dass Adem Deutschland verlassen musste.

Trotz allem tat er mir leid.
Ich wusste, wie sehr er an seinem Leben in Deutschland hing.
Und obwohl ich seine aufbrausende Art hasste, konnte ich mich doch mit seiner Situation identifizieren.
Mir ging es ja auch nicht viel anders.

Mit dem Ende unserer Beziehung war natürlich auch meine Beschäftigung bei der Reinigungsgesellschaft beendet. Seine Freunde holten mich eines Morgens einfach nicht mehr ab. Ich hakte nicht nach.

Hätten sie nicht die Initiative ergriffen, hätte ich sowieso gekündigt.

Es war vorbei.

Aber das Putzen hatte mir Spaß gemacht. Also suchte ich mir nun meine eigenen Putzstellen. Das ging ohne Probleme, und ich konnte sofort gut davon leben. Ich war jetzt meine eigene Chefin.

Selbständig und eigenverantwortlich.

Und es fühlte sich gut an.

Ich glaube, das war die Zeit, zu der ich zwar nicht meine Leidenschaft, aber doch immerhin ein Talent entdeckte:

das Putzen.

Neue Liebe

In den Monaten nach der Adem-Episode lebte ich in einer Polen-WG. Acht Landsleute hatten ein ganzes Haus gemietet, in dem jeder ein Zimmer bewohnte.

Meines war im Erdgeschoss. Das Fenster öffnete sich zur belebten Straße hinaus, so dass ich die Köpfe der vorbeilaufenden Leute hätte berühren können.

Im Haus lebte auch Marek, ein netter Junge, mit dem ich recht schnell zusammenkam. Unsere Beziehung dauerte genau ein Jahr. Bis meine kleine Schwester zu Besuch kam. Sie war damals 14.

Die beiden hassten sich. Marek spielte sich auf, als sei er ihr Vater, machte ihr Vorschriften und kommandierte sie herum. Dann verhielt er sich ihr gegenüber wieder wie ein Kleinkind, machte sich über sie lustig und piesackte sie, wo er nur konnte.

Heute glaube ich, er konnte nicht damit umgehen, dass ich meiner Schwester in den Wochen, in denen sie da war, mehr Aufmerksamkeit schenkte als ihm. Er fühlte sich wohl auf den zweiten Platz verwiesen. Und das schmeckte ihm gar nicht.

Es war wirklich nervig.

Er sprach sie ausschließlich mit »Kleine« an, was eine Vierzehnjährige natürlich auf die Palme bringt, weil sie gerade voll in der Pubertat ist und beginnt, sich als attraktive Frau zu erleben.

Ein Streit folgte auf den anderen.

Ansonsten sah ich von meiner Schwester nicht viel. Ich war arbeiten, und wenn ich heimkam, saß sie auf einem großen Kissen am offenen Straßenfenster und flirtete mit den Jungs aus der Nachbarschaft.

Meine Schwester hatte die Männer entdeckt.

Als ich sie das erste Mal am Fenster sitzen sah, musste ich lachen: Sie hatte sich geschminkt, trug Lippenstift und hatte sich mit meinem Nagellack die Fingernägel rot lackiert.

Sie trug ihr schönstes Kleid und hatte sich die Haare im Versuch einer Hochsteckfrisur so nach oben gezogen, dass sie aussah wie ein gerupftes Huhn.

Der Anblick war zum Brüllen.

Nachdem ich mich von meinem stillen Lachanfall erholt hatte, machte ich ihr ein Kompliment für ihren Look und bot ihr gleichzeitig an, ihr zu zeigen, wie sie sich »noch schöner« zurechtmachen könnte.

Sie war ganz begeistert und nahm die Hilfe gerne an.

So wurde es nun meine wichtigste Aufgabe, meine kleine Schwester morgens zuerst aufzuhübschen und sie dann so am Fenster zu drapieren, dass sie nicht aussah wie eine Prostituierte, sondern wie eine attraktive Sechzehnjährige.

Keine einfache Aufgabe.

Aber es führte zumindest dazu, dass sie ihre Sommerwochen in Deutschland in vollen Zügen genoss.

Den ganzen Tag flirtete sie mit den Jungs, die sie umschwirrten wie die Motten das Licht. Vor dem Fenster bildeten sich manchmal regelrechte Trauben von Kerlen, die sich dort trafen, um meine Schwester zu beeindrucken. Nach wenigen Tagen war der Bürgersteig vor meinem Zimmer der heißeste Treffpunkt der Straße geworden.

Nur die Besitzer des Restaurants gegenüber regten sich furchtbar über den täglichen Ansturm auf. Wohl auch deswegen, weil er leider auf der falschen Straßenseite stattfand …

Einmal schmissen sie rohe Eier, die an Fassade und Fenster klatschten, und bei den Jugendlichen vor dem Haus zu großem Gejohle und viel Erheiterung führten. Vertreiben ließen sie sich davon nicht.

Die Hormone sprühten wild. Und doch war alles ganz unschuldig und harmlos.
Die ersten Versuche in der Liebe.
Es war wirklich süß.

Und schicksalsschwer. Für mich.

Ich stand gerade im Bad, da rief meine Schwester auf Polnisch vom Fenster aus:

»Justyna! Komm raus! Der schöne Junge mit dem roten Golf will Dich kennenlernen!«

Mir stockte der Atem.
Der »schöne Junge mit dem roten Golf« war mit Abstand der attraktivste Typ der Nachbarschaft. Wir hatten ihn schon öfter in der Straße gesehen und von ihm geschwärmt. In seinem auffälligen roten Golf sah er unglaublich schick aus.
Er war genau mein Typ: Südländer, schwarze Haare, dunkle Augen, markantes Gesicht und einen knackigen Hintern in gut sitzenden Jeans.
Ein Fest für die Augen.

Und jetzt war der Augenzucker ans Fenster gekommen!

Er hatte meine Schwester dort sitzen sehen und sie forsch gefragt:

> »Hey, kannst Du mal Deine Freundin rufen, ich würde sie gerne kennenlernen.«

Der schöne Junge mit dem roten Golf hatte auch mich offenbar schon länger beobachtet.
Mir pochte das Herz bis zum Hals. Ich lief zum Fenster.

> Er: Hi! Wie geht's?
> Ich: Gut. Und Dir?
> Er: Gut. Ich bin Marco.
> Ich: Ich heiße Justyna.
> Er: …
> Ich: …

Wie süß er aussah. Und so schüchtern.

> Er: Ähm … kann ich deine Nummer haben?

Aber ich hatte ja noch einen Freund …

> Ich: Warum?
> Er: Dann können wir uns mal verabreden.

Ich hatte einen Freund!

> Ich: Okay.
> Er: Also?

Ich verlor mich in seinen Augen …

Ich: 0151 3673 6848
Er: Ich ruf Dich an! Ciao!
Ich: Ciao!

Jetzt musste ich mich erst mal setzen. Ich war ganz durcheinander. Hatte ich ihm wirklich gerade meine Nummer gegeben? Und auch noch die richtige! Bin ich eigentlich wahnsinnig? Was würde Marek sagen? Was sollte ich denn jetzt tun?

Ich entschied mich, Marcos Anruf nicht anzunehmen.

Am nächsten Tag klingelte mein Handy.
Eine unbekannte Nummer.
Sicher Marco!

Ich nahm ab.

Wir trafen uns zum Kaffee und zu Cocktails, zum Shoppen und Spazierengehen. Es lief nichts zwischen uns außer intensiven, schönen Gesprächen. Wir lachten viel.
Es fühlte sich richtig an.
Marco war so schüchtern und gleichzeitig lebhaft und charmant. Er behandelte mich stets zuvorkommend und war immer bemüht um mich.
Er tat mir so gut.
Und so verliebte ich mich mehr und mehr in ihn.
Und er sich in mich.

Nach mehreren Wochen küssten wir uns zum ersten Mal, und ab da war mir klar, dass es mit Marek vorbei war.

Der hatte meine wachsende Distanz bemerkt. Um ihm unnötigen Schmerz zu ersparen, wollte ich mich so bald wie möglich von ihm trennen.

Aber ich schaffte es einfach nicht, ihm zu sagen, dass ich mich in einen anderen Mann verliebt hatte.

Also erklärte ich Marek, dass ich mir ein gemeinsames Leben mit ihm nicht vorstellen konnte, weil wir »nicht wirklich zueinander passen«. Es war zwar nicht die ganze Wahrheit, aber gelogen war es auch nicht.

Er nahm es mit Fassung entgegen und meinte nur, dass es dann ja auch keinen Sinn mache mit uns. Er sei zwar traurig, wünsche sich aber eine Freundin, die voll zu ihm stehe.

Das konnte ich nicht.

Nicht mehr.

Wir trennten uns am selben Abend.

Am nächsten Tag packte Marek seine Sachen und ging.

Ein paar Wochen später zog Marco bei mir ein.

Meine Schwester war begeistert. Sie liebte den charmanten Deutsch-Italiener, der sie immer »Principessa« nannte. Die »Kleine« war zur Prinzessin aufgestiegen.

Das passte ihr gut.

Und ich war glücklich.

Der schöne Junge mit dem roten Golf hatte sich in mich verliebt, und meine Arbeit machte mir Spaß.

Was sich so richtig anfühlte, musste gut sein.

Und das Leben gab mir recht.

Marco ist heute mein Mann.

Kuriose Kunden

Ich putze schwarz. Ich weiß, dass das in Deutschland verboten ist. Ich hoffe, dass mich niemand anzeigt, und ich nenne nie meinen richtigen Namen.

Anfangs riet mir jeder, mit dem ich sprach, mich nicht anzumelden, weil die Steuern so hoch seien. Mittlerweile würde ich das in Kauf nehmen.

Aber der eigentliche Grund ist für mich, dass keiner meiner Kunden die Mehrkosten bezahlen will. In fast zehn Jahren Putzpraxis kann ich die Kunden, die bereit gewesen wären, eine offizielle Rechnung entgegenzunehmen und die entsprechend höheren Stundensätze zu bezahlen, an der Hand abzählen.

Meine Kunden sind im Gegenteil sehr froh, wenn keine Rechnung auftaucht.

Viele zahlen ihrerseits mit Schwarzgeld.

Ich arbeite für einige Unternehmer, Restaurantbesitzer und Handwerker, die mich nie im Leben beschäftigen würden, wenn ich eine Rechnung stellte.

Ich kenne keine Putzfrau – egal welcher Nationalität –, die nicht zumindest teilweise schwarzarbeitet. Und deren Kunden das nicht super finden, weil dann eben für zehn Euro die Stunde geputzt, gewaschen, gebügelt und manchmal auch gekocht wird.

Natürlich bleibt die Frage der Solidarität und der sozialen Verantwortung. Ich versuche es so gutzumachen, dass ich einmal die Woche umsonst für eine gebrechliche alte Dame bei uns im Haus die Wohnung putze und sie unterhalte. Quasi als privater Pflege- und Sozialdienst.

Ich hoffe, damit leiste ich genug für die Gesellschaft.

Eine andere Lösung, bei der ich weiter selbst meinen Lebensunterhalt verdienen kann, sehe ich derzeit nicht.

Zumal ich sagen muss, dass ich durchaus Kunden habe, von denen man ein Biegen der Gesetze nun wirklich gar nicht erwarten würde.

Da ist zum Beispiel Tanja K. Sie ist Richterin und meinte beim Einstellungsgespräch:

> »Sie wurden mir als verschwiegen empfohlen. Ich muss mich hundertprozentig darauf verlassen können, dass Sie niemandem – und ich meine NIEMANDEM – von Ihrer Tätigkeit für mich erzählen. Ansonsten bekommen WIR BEIDE große Probleme!«

Sie hätte mir nicht drohen müssen, ich bin sehr verschwiegen. Wenn ich etwas erzähle, dann nur mit verändertem oder abgekürztem Namen.

Nehmen wir zum Beispiel Polizeihauptkommissar R. Bei ihm putze ich nicht nur schwarz, sondern gieße einmal die Woche auch seine »Tomaten«. Dass es sich dabei um Hanfpflanzen handelt, weiß ich spätestens, seitdem sie geblüht haben.

Aber wir tun weiterhin so, als hätten wir beide keine Ahnung von der illegalen Zucht auf dem großen Sonnenbalkon.

Ich frage mich ohnehin, wozu er die eigene Zucht braucht. In seiner Nachttischschublade liegen immer mehrere Plastiktütchen mit irgendwelchen Gräsern oder Pillchen. Als ich ihn einmal darauf ansprach, wo er das alles herhabe, antwortete er mit schockierender Ehrlichkeit:

»Das wird bei uns doch sonst nur weggeworfen!«

Ich hoffe, die Polizei verteilt die Drogen aus diversen Razzien nicht im großen Stil an die Beamten. Einige scheinen sich aber wohl von sich aus gut zu bedienen.
Doch wer weiß, vielleicht ist Polizeihauptkommissar R. ja auch nur eine unrühmliche Ausnahme …

Christian F. ist SPD-Abgeordneter. Auch eine Klientel, die ich nicht auf meiner Kundenliste erwartet hätte, die aber durch positive Mundpropaganda immer stärker vertreten ist.

Überall gilt der Grundsatz: Sehen und schweigen.
Kein Problem.
Aber ich schweige auf meine Art.

Dazu kommen Rechtsanwälte, Ärzte, Psychologen, Werber, Manager.

Und ein Puffbesitzer.

Ich muss zugeben, dass ich anfangs Berührungsängste hatte. In Polen ist Prostitution noch etwas viel Unanständigeres als in Deutschland. Obwohl dort sicher genauso viele Männer für Liebe bezahlen wie hier. Aber Doppelmoral gibt es eben auch in Polen.

Mittlerweile putze ich im Puff besonders gern.

Ich komme morgens, wenn das Geschäft vorbei ist. Die Prostituierten bevorzugen selbst den Begriff »Nutten« – aber nur, wenn sie untereinander sind und von sich sprechen. Aus dem Munde eines Mannes oder einer unbeteiligten Frau, empfinden sie die Bezeichnung »Nutte«, so wie sie ja auch allgemein benutzt wird, als Beleidigung.

Ich darf die Prostituierten inzwischen Nutten nennen, was ich als Ritterschlag empfinde.

Wenn ich morgens in die Zimmer komme, liegen oft Bonbons oder andere Süßigkeiten für mich auf den Nachttischen.

Das ist so lieb.

Ich glaube, es liegt daran, dass diese Frauen wissen, was es heißt, ganz unten auf der sozialen Leiter zu stehen. Und wie schwer solche liebevollen Achtsamkeiten wiegen.

Wenn ich die kleinen Süßigkeiten einsammle, beginnt mein Arbeitstag mit einem Lächeln.

Danach leere ich erst einmal die Mülleimer: Kondome, Gleitcremetuben und Klistiere wandern in den Sack. Dazu eine Menge Küchentücher. Es gibt viel abzuwischen.

Aber im Großen und Ganzen dachte ich, es gehe schmieriger zu im Bordell. Zwar muss ich den einen oder anderen Spermafleck wegwischen.

Aber das muss ich bei Leuten zu Hause auch.

Erstaunlicherweise ist es im Puff recht ordentlich, wenn ich komme.

Viel ordentlicher als in einigen Haushalten, in denen ich beschäftigt war.

»Die Kunden erwarten Sauberkeit«, hat mir der Puffbesitzer erklärt.

Wenn man sich erst einmal an den Gedanken gewöhnt hat, was hier nachts passiert, ist das Saubermachen reine Routine. Und dank der liebenswürdigen Mädels sogar eine sehr willkommene.

Eine bat mich sogar letzte Woche, bei ihr privat zu putzen. Sie ist alleinerziehend und braucht Hilfe.
Bei mir könne sie sich sicher sein, dass ich sie nicht von oben herab betrachte, vertraute sie mir an.
Stimmt.
Das würde mir im Entferntesten nicht mehr einfallen.

Jetzt, wo ich hinter die Fassade schauen durfte.

Justyna, die Gerechte

Nutten sind nicht die einzige soziale Gruppe, die mit Vorurteilen zu kämpfen hat.
Polnische Putzfrauen gehören auch dazu:

Noch zu D-Mark-Zeiten antwortete eine Dame mittleren Alters auf meine Anzeige. Sie war eine meiner ersten Kundinnen und stellte sich mir als Jutta vor.
Es ging um eine Familie mit drei kleinen Kindern.
Drei-Zimmer-Wohnung im Erdgeschoss eines Jugendstil-Altbaus.
Dreimal die Woche.
Eine Stunde.

Am Telefon handelten wir meinen Stundenlohn aus. Das waren damals 15 DM.
Ich mochte die Frau eigentlich ganz gerne, fand es aber komisch, dass sie ständig zu Hause war, wenn ich putzte.
In der Regel geben mir die Kunden einen Schlüssel und überlassen mir das Feld.
Wohl auch deswegen, weil sie es nicht als besonders entspannend empfinden, wenn ich ihnen mit dem Staubsauger zwischen den Füßen herumfahre.

Aber Jutta war immer daheim, wenn ich putzte. Obwohl ihr Mann auf der Arbeit und ihre drei Kinder im Kindergarten waren und sie doch nun einmal Zeit für sich gehabt hätte. Ich wäre an ihrer Stelle in die Stadt gegangen, hätte mich mit Freundinnen getroffen oder geshoppt.

Die beliebtesten Putzzeiten

Die meisten Kunden möchten die Wohnung
zum Wochenende sauber haben.
Deshalb ist freitagmorgens der begehrteste Putztermin.
Samstags will keiner die Putzfrau im Haus haben.
Und montags meckern sie auch.
Generell lieber vormittags ab 11 Uhr.
Abends nicht später als bis zum Einbruch der Dunkelheit.
Also gehe ich im Sommer auch um 20 Uhr
noch mal schnell zum Bügeln.
Sonntags werde ich selten bestellt.
Wenn die Kunden im Urlaub sind, ist es ihnen in der Regel
ganz egal, wann ich komme, Hauptsache,
es ist alles sauber, wenn sie zurückkommen.

Stattdessen war sie wie an meine Fersen geheftet. Wenn ich im Schlafzimmer die Wäsche faltete, kam sie gerne unter dem fadenscheinigen Vorwand herein, sie suche etwas. Dann schaute sie sich kurz im Raum um und verschwand wieder.
Alle zehn Minuten.
Wenn ich die Küche wischte, das Bad machte oder das Kinderzimmer aufräumte, dasselbe.

Es dauerte nicht lange, bis ich begriff: Ich wurde kontrolliert.
Im Zehn-Minuten-Takt.
Aus Angst vor Diebstahl.

Mir war bis dahin noch gar nicht der Gedanke gekommen, dass jemand Angst haben könnte, ich würde klauen.

Ich verstand auch nicht, was ich überhaupt hätte klauen *sollen*. Es gab da nur einen Tisch und vier Stühle, ein Sofa, eine Schrankwand, einen Fernseher mit Videorekorder.
Was eben jeder so zu Hause hat. Auch jeder Pole.

Wenn Jutta mir mein Geld übergab, verband sie das regelmäßig mit einer Warnung. Als freundliches Lob verpackt:

> »Weißt Du, Justyna, ich bin ja so froh, dass ich Dir vertrauen kann. Die Frau, die vor Dir hier geputzt hat, war auch eine Polin. Und die hat immer irgendetwas mitgehen lassen. Natürlich habe ich sie rausgeschmissen. So was geht gar nicht! Aber Du bist anders. Das finde ich toll. Bleib so, wie Du bist.«

Und dann kam meistens noch so ein Satz wie:

> »Eigentlich bist Du keine Polin. Hahahahaaaa.«

Beim ersten Mal glaubte ich, meinen Ohren nicht zu trauen. Und erwiderte:

> »Weißt Du, Klauen ist bei uns nicht genetisch verankert. Nicht alle Polen klauen. Ich habe noch nie etwas geklaut.«

Und was hier rumliegt, würde ich in meiner Wohnung auch gar nicht haben wollen! Aber das dachte ich nur im Stillen. Darauf sie:

> »Aber nein, das weiß ich doch. Deswegen meine ich ja: DU bist anders!«

Okay, hier war nichts zu machen …

Ich habe im Laufe der Jahre meine Einstellung zu solchen Vorurteilen verändert. Zu Anfang nahm ich sie persönlich und wurde oft sehr wütend. Aber das tat mir nicht gut, denn ich schluckte meinen Ärger runter und brachte ihn mit nach Hause. Ich stritt mit meinem Mann, fühlte mich niedergeschlagen und begann meine Arbeit zu hassen.

Heute verstehe ich besser, dass es in vielen Fällen gar nicht um mich geht.

Auch nicht um Polen oder Deutsche.

Ich glaube einfach, dass es generell schwierig ist für einige Menschen, jemand Fremdes in die eigenen vier Wände zu lassen.

Den Blick in Schränke zu erlauben, in die Schubladen, ins Bad, in die Toilette, ins Bett. Ins Allerheiligste.

Viele haben einfach Angst. Und manche haben tatsächlich schlechte Erfahrungen gemacht.

Putzfrauen sind keine Heiligen.

Überall gibt es angenehme und unangenehme Menschen. Ehrliche und unehrliche.

Wo viel Licht, da viel Schatten.

Und man trägt ja auch selbst immer beides in sich:

Licht *und* Schatten.

Aber es gelingt mir nicht immer, die Sache so zu sehen.

Manchmal bin ich immer noch persönlich verletzt und komme weinend von der Arbeit. Solche Tage gibt es.

Aber wer kennt das nicht?

Jutta stellte mich noch einige Male vor die Herausforderung, ihr nicht ins Gesicht zu explodieren. Zu diesem Thema ist meine Lieblingsgeschichte die folgende:

Einmal kam ich statt um 09:00 Uhr erst um 09:10. Ich bin sonst eher überpünktlich, aber an diesem Tag hatte es heftig geschneit und der Verkehr lief unerwartet träge.

Nachdem ich mit dem Putzen fertig war, übergab mir Jutta meinen Lohn.

Statt der üblichen 15 DM drückte sie mir 13 DM in die Hand.

Ich: Äh, bekomme ich nicht noch zwei Mark?

Sie: Du warst ja heute nicht die volle Zeit da.

Ich: Wieso?

Sie: Du bist heute erst um zehn nach neun gekommen.

Ich: Aha?

Sie: Zehn Minuten machen bei einem Stundenlohn von 15 Mark 2,50. Deshalb bekommst Du heute eben mal 12,50. Beim nächsten Mal kommst Du einfach wieder pünktlich, dann kriegst Du auch wieder den vollen Lohn.

Ich: Aber das sind keine 12,50, sondern 13 Mark.

Sie: Ich weiß, ich habe kein Kleingeld mehr. Aber das macht nichts, ich habe es mir aufgeschrieben. Beim nächsten Mal verrechnen wir das dann.

Und tatsächlich zog sie mir am übernächsten Tag die zu viel gezahlten 50 Pfennige ab. So hatte alles wieder seine Richtigkeit.

War *das* die berühmte »deutsche Genauigkeit«?

Wenn ja, wurde sie von Jutta nicht beidseitig verstanden. Denn dass ich fast nie genau um 10:00 Schluss machte, sondern meistens noch eine Viertelstunde länger putzte, um nicht mitten in der Arbeit aufzuhören, fand keinen Niederschlag in der Endabrechnung.

Gerechtigkeit sieht anders aus.

Fiese Bärchen

2004 zog meine Schwester zu mir nach Deutschland. Mittlerweile steht sie auf eigenen Beinen, aber in der Anfangszeit wohnte sie bei mir.

Sie wollte ursprünglich in Frankfurt Psychologie studieren, aber es fehlte das Geld.

Deshalb begann sie ebenfalls zu putzen. Als Zwischenlösung. Die nun schon einige Jahre andauert.

Aber auch sie hat ihren Traum nicht aufgegeben. Und wie ich sieht sie das Putzen als gute Möglichkeit, sich einen soliden Lebensunterhalt zu verdienen.

Ich setzte also damals wieder einmal meine Kleinanzeige in die Zeitung. Diesmal für meine Schwester:

Putz- und Bügelstelle gesucht
Tel.: 0178 275 780

Darauf meldete sich ein junger Mann, der für eine Arztpraxis in der Nähe vom Bahnhof eine Putzfrau suchte. Er hieß Markus, klang sehr nett und charmant.

Wir machten einen Termin aus.

Am nächsten Morgen, ein Samstag, machte ich mich mit meiner Schwester auf den Weg zum Vorstellungstermin.

Das Haus, in dem sich die Praxis befand, war ein stattliches Gebäude. Neubau. Weiße Fassade. Große Fenster. Drei Stockwerke.

In dem Haus befanden sich neben unserem Arzt, einem HNO-Spezialisten, noch drei weitere Arztpraxen.
Ein seriöser Kunde. Wir freuten uns.

Auf unser Klingeln hin wurden wir hineingelassen, und wir liefen erwartungsvoll die beiden Treppen zum zweiten Stock hinauf.

Zwei Männer, beide Mitte dreißig, erwarteten uns an der Tür.
Der eine stellte sich als Thomas vor.
Der andere war Markus vom Telefon.
Ich war überrascht.
Ich hatte ihn mir ganz anders vorgestellt.
Irgendwie attraktiver.
Stattdessen war Markus ein kleines, sehr übergewichtiges Kerlchen im Hawaiihemd und mit Halbglatze.
Er stand da mit in die Hüften gestemmten Armen, den Oberkörper zurückgelehnt, schnaufte heftig und schwitzte dabei.
Ich stellte mir vor, wie dieser Mann Patienten in den Rachen schaute und ihnen dabei ganz nah kam.
Ich bekam Gänsehaut.
Aber offenbar störte das außer mir niemanden, denn die Praxis schien gut zu gehen.
Alles war neu und hochwertig eingerichtet.

Markus hielt sich zunächst im Hintergrund. Es war Thomas, der uns zeigte, was zu putzen war.

Am Ende der Tour ergriff Markus das Wort:

»Ich habe auch eine Wohnung, die geputzt werden muss. Sind Sie interessiert?«

Natürlich waren wir das – besser konnte es ja gar nicht laufen. Wir verabredeten uns ein paar Stunden später in seiner Wohnung. Dort könnten wir dann alles Weitere klären.

Markus erwartete uns schon im Treppenhaus. Er zeigte uns die Wohnung. Vier Zimmer, Küche, Bad. Gut aufgeräumt. Ein Zimmer wurde als Büro genutzt. Markus war alleinstehend. Beiläufig ließ er fallen:

»Ich bin Philatologe. Briefmarkenhändler.«

Aha, also kein Arzt?

»Nein, nein. Die Praxis gehört Thomas. Wir sind befreundet.«

»Komische Nummer«, dachte ich. Hatte Markus nicht am Telefon von »seiner« Praxis gesprochen?
Aber mir war es gleich.
Arzt, Briefmarkensammler oder Steuerfachgehilfe.
Was machte das für einen Unterschied?

Mir fiel damals schon auf, dass die ganze Wohnung mit Teddybären vollgestopft war. Markus schien einen Bärchentick zu haben. Ein bisschen ungewöhnlich für einen Mann seines Alters, aber auch das war unerheblich fürs Putzen.
Er war freundlich, bot uns etwas zu trinken an, und nach einer halben Stunde sagte meine Schwester zu.
Einmal pro Woche.

Vier Stunden
Für zehn Euro pro Stunde plus Fahrgeld.

Wir hatten ausgemacht, dass ich die Arztpraxis übernehme.
Komischerweise meldete sich Thomas nie mehr. Ich versuch-
te, ihn anzurufen, aber es ging niemand ans Telefon.
Ich hakte die Stelle ab.

Und auch Markus sollte ein kurzes Vergnügen werden.
Meine Schwester ging ein paarmal hin.
Dann hing ihr Markus praktisch die ganze Zeit im Ohr:
Er wolle unbedingt abnehmen und sei auf Diät.
Aber in den Schränken lagerte nichts als Nutella und Gummi-
bärchen.
Jeden Tag gehe er ins Fitnessstudio und habe schon richtig
Muskeln bekommen. Ob sie die mal sehen wolle. Und dann
stellte er sich vor ihr auf, schob seinen Ärmel hoch und ent-
blößte seinen teigigen Oberarm, an dem nichts zu sehen war
als waberndes Fett.

Dann stellte er ihr nach und nach seine Bärchen vor:

»Das ist Kunibert. Der ist von der Mami.«
»Hier wohnt Ralfi. Den hat mir der Opi geschenkt.«
»Darf ich vorstellen, Papibär.«

Alles war voller Bärchen: Bärchentassen, Bärchenservietten,
Bärchenschuhe, Bärchendecken, Bärchenbettzeug, Bärchen-
handtücher, Bärchencieruli, Bärchenklopapier. Gummibär-
chen, Bärchenschokolade.
Und natürlich – stilgerecht – ausschließlich Bärenmarke-
Milch.

Nur die fünfzehn Gläser Nutella im Küchenschrank fielen aus dem Rahmen.

Die gab es nicht in Bärchenform.

Neben Bärchen war sein zweites Lieblingsthema: Sex.

Er stehe total auf blonde Frauen. Die buche er sich auch immer, wenn er in den Puff geht: »Da ist so eine, die ist ein heißer Feger. Ojojojojoiiii!«

Dabei fuchtelte er mit seiner feuchten Hand, als wolle er ein Feuer auswedeln.

Meine Schwester ist eher ein südländischer Typ und dunkelhaarig, deshalb machte sie sich darüber keine weiteren Gedanken und stellte auf Durchzug. Eine wichtige Grundkompetenz für Putzfrauen.

Einmal fragte Markus sie, ob sie einen Freund habe.

Sie: Ja, habe ich.
Er: Ist der auch Pole?
Sie: Nein, Italiener.
Er: Oh, Italiener sind Scheiße. Die kommen immer zu früh.
Sie: Hast Du schon mit einem geschlafen oder was?

Danach war erst einmal Ruhe.

Zu Hause erzählte sie mir die Geschichten vom »Bärchenfreak«, aber ich war mir sicher, sie übertreibe.

Markus hatte auf mich eher ruhig und behäbig gewirkt. Eigentlich ziemlich spießig. Es war halt ihre erste Putzstelle, und sie war einfach noch nicht viel gewöhnt. Ich glaubte ihren Geschichten nicht.

Bis ich sie einmal vertreten musste.

Ich bin blond …

Markus kam sofort zur Sache: Er wartete schon im Treppenhaus.

Im Hawaiihemd.

Mir voraus ging er in die Wohnung und führte mich ins Wohnzimmer, wo ein Laptop schon aufgeklappt war. Er hatte die Website seines Stammpuffs geöffnet und zeigte mir die Frauen, die dort arbeiten und ihm gefielen:

»Die hier kann man gut von hinten nehmen. Die liebt das.«

Das bezweifle ich. Ich kenne keine Frau, die das liebt. Und keinen Mann, der nicht davon träumt.

Er erzählte mir, wie viel er genommen hat und was er bezahlt. Ein kleiner Ferrari sei schon zusammengekommen. Mehrere Male pro Woche ginge er hin.

Ich war froh, als ich wieder raus war. So ein Freak!

Aber es war die Putzstelle meiner Schwester, und er redete ja nur, deshalb ging ich in der nächsten Woche wieder hin. In zwei Wochen wäre sie aus dem Urlaub zurück und würde wieder übernehmen.

Leider blieb es diesmal nicht beim Reden. Ich putzte gerade die Badewanne, als ich hinter mir ein Geräusch hörte.

Ich drehte mich um.

Da stand Markus mit heruntergelassener Hose.

Und lachte.

Ich fand das gar nicht witzig, sondern packte meinen Lappen, drehte mich so, dass ich das Gebaumel zwischen seinen Bei-

nen nicht weiter sehen musste, und lief rückwärts an ihm vorbei, während ich ganz ruhig sagte: »*Markus, pack das wieder
ein.*«

Dann putzte ich weiter. Im Wohnzimmer. Abschalten kann
ich ganz gut. Solange mich keiner anfasst … Und das ist zum
Glück noch nie passiert.

Markus war eine Zeitlang verschwunden. Schließlich betrat er
das Wohnzimmer, als ob nichts passiert wäre:

> Er: Weißt Du, ich stehe total auf große Busen.
> Ich: …
> Er: Magst Du mir zuschauen?
> Ich: Nein danke.
> Er: Ich gebe Dir 100 Euro!
> Ich: NEIN!
> Er: Ich suche eine Frau, die ich für Liebemachen bezahlen
> kann, die aber kein Profi ist.

»Liebemachen«? Im Bärchenbett? Mit Markus? Gegen Be-
zahlung? Gleich musste ich mich übergeben …

> Ich: So, Markus. Schluss jetzt. Du gehst jetzt schön in die
> Küche, und ich putze hier fertig, ja?
> Er: Aber es wäre so schön, wenn ich mal eine Frau finden
> würde, die es mit mir macht und die kein Profi ist.
> Ich: Ja, mit mir jedenfalls nicht.
> Er: Aber dann hat sich das Ganze schon wieder nicht ge-
> lohnt.
> Ich: Was denn?
> Er: Der Trick …

Ich: Was für ein Trick?

Er: Thomas und ich bestellen uns immer Frauen zum Aus-
suchen in die Praxis. Wenn es passt, laden wir sie nach
Hause ein.

Ich: WAS? Das war ein TRICK?

Er: Ja, gut gell? Ihr seid auch darauf hereingefallen. Thomas
ist gar kein Arzt. Das ist die Praxis von seinem Vater.

Ich: Du Schwein!

Er: Hihihihihiiiiii!

Ich ließ alles stehen und liegen und verließ die Wohnung.
Danach ging ich nicht mehr hin.

Als ich meiner Schwester erzählte, was passiert war, konnte
sie es kaum fassen. Auch sie wollte da auf keinen Fall mehr
hingehen.
Ein paar Tage nachdem meine Schwester aus dem Urlaub zurück war, rief Markus sie an:

Er: Hallo, warum kommst Du nicht?

Sie: Bist du blöd? Nach dem, was Du mit meiner Schwester
gemacht hast, willst Du, dass ich noch komme?!

Er: Was habe ich denn gemacht?

Sie: Justyna hat mir alles erzählt!

Danach legte sie auf. Aber zehn Minuten später klingelte es
wieder.
Meine Schwester hatte die Rechnung ohne Bärchenmann
gemacht – wahrscheinlich hatte er in der Zwischenzeit sein
Superheldenkostüm angelegt.
Aus gelb-grünem Acryl.
Mit Fellohren.

Meine Schwester nahm ab:

Sie: WAS?!
Er: DEINE SCHWESTER HAT MIT MIR GESCHLAFEN! FÜR
400 EURO!
[klick ... tuuuuut]

Noch heute könnte ich mich kaputtlachen. Was verletzter Stolz aus so einem Bärchen herausholen kann ...

Dass Einsicht leider nicht stattfand, zeigt die SMS, die ich von Markus ein paar Monate später bekam, als ich gerade in mein Auto einstieg. Ich hatte es kurzzeitig im Halteverbot am Marktplatz geparkt:

Na, da hast Du Glück gehabt, beinahe ein Knöllchen ;-) GLG

Und Du beinahe ein Knüppelchen aufs Schädelchen, Freundchen!

Goldener Hoden

2003 arbeitete ich bei einer Familie. Der Vater ist 50, die Mutter 30. Sie hatten zwei Kinder, einen neunjährigen Sohn und eine zehnjährige Tochter. Manchmal babysittete ich auch.

Sie erwarteten gerade ihr drittes Kind. Deshalb beschlossen sie, vorher noch das Haus zu renovieren. Ihr Nachbar hieß Dirk und war Handwerker. Er half ihnen dabei. Natürlich schwarz.
So sparten sie Geld, das sie lieber in die Einrichtung des neuen Kinderzimmers investierten als in teure Handwerkerrechnungen.

Dirk war ebenfalls verheiratet, hatte mit seiner Frau auch zwei Kinder und wohnte direkt gegenüber. Wenn er von der Arbeit heimkam, aß er kurz und ging dann mindestens zweimal die Woche zu seinen Nachbarn auf die Baustelle, um dort noch ein paar Stunden zu arbeiten.
Seit ein paar Monaten ging das schon so.

An einem Dienstag, die Familie war gerade aus dem Haus, putzte ich wieder.
Dirk arbeitete im Blaumann oben im Haus.
Wir hatten uns schon ein paarmal gesehen und immer ein paar nette Worte miteinander gewechselt. Bis jeder wieder seiner Arbeit nachging.

Auch diesmal unterhielt ich mich kurz mit Dirk. Wann er fertig sei, fragte ich ihn, und ob es gut vorangehe. Dann wünschte ich ihm viel Spaß und begann meine Arbeit.

Irgendwann sah ich ihn durch das Küchenfenster im Garten rauchen.

Ich öffnete das Fenster und rief:

»Ich wusste gar nicht, dass Du rauchst!«

Er lachte, zuckte mit den Schultern und winkte ab. Ich erhob zum Spaß den Zeigefinger, lachte ebenfalls und schloss das Fenster wieder, um weiter die Küche zu putzen.

Eine Weile später, ich war gerade in der Diele, kam Dirk die Treppe herunter und blieb hinter der etwa hüfthohen Mauer stehen, die Diele und Treppe voneinander trennte.

Er: Du hast bestimmt auch schon mal geraucht.
Ich: Nein, hab ich nie.
Er: Ach komm, sicher!
Ich: Nein, wenn ich es doch sage!
Er: Kennst Du Zigarren?
Ich: Klar kenn ich Zigarren. Aber ich rauche keine.
Er: Du hast bestimmt schon mal eine Zigarre geraucht!
Ich: Nein, echt nicht!

Ich verstand überhaupt nicht, was er von mir wollte. Was sollte das Gerede über Zigarren? Dirk fummelte hinter der Mauer herum, offenbar suchte er etwas in seiner Hosentasche.

Dann deutete er hinter mich und rief:

»Was macht der Depp denn da?«

Ich drehte mich instinktiv um und schaute aus dem Dielen-
fenster, in dessen Richtung er gedeutet hatte.
Draußen hängte ein älterer Mann im angrenzenden Garten
Wäsche auf. Ich drehte mich wieder zu Dirk:

»Wieso, was ist denn daran schlimm? Er hängt doch nur die
Wäsche ...«

Weiter kam ich nicht, denn in diesem Moment sprang der
Idiot von der Treppe und stand in voller Mannespracht vor
mir. Und ich meine, VOLLE Mannespracht:

»Kennst Du DIESE Zigarre?«

Ich war entsetzt und angewidert! Gerade noch konnte ich
»Du bist so bescheuert!« stammeln und rannte schnell in den
Keller.

Auf dem Weg dorthin rief er mir noch nach:

»Bring mir eine Schaufel mit von unten!«

Ich brauchte ein paar Minuten, um mich wieder zu fassen,
blieb aber im Keller, um die Wäsche zu machen. Eine Stunde
später hörte ich die Haustür zuschlagen.
Dirk war weg.

Gegenüber lebt er mit seiner Frau. Seine Kinder kommen in
dieses Haus zum Spielen. Was für ein Mensch ...

Erst jetzt fällt mir wieder ein, dass er auch vorher schon viele anzügliche Bemerkungen gemacht hatte. Zwei Wochen vor dem Vorfall hatte er mir in aller Genauigkeit erzählt, wie er seine Frau erwischt hätte, als sie ihn betrogen habe.

Zur Untermalung zeigte er mir SMS, die der Liebhaber seiner Frau ihr angeblich geschrieben habe. Bei einer Gartenparty sei sie plötzlich verschwunden:

> »Ich hab sie überall gesucht. Dann hab ich sie in der Garage gefunden. Als sie ihrem Liebhaber einen geblasen hat!«

Ich fragte ihn damals, wie er es schaffen könne, noch mit ihr unter einem Dach zu leben. Ich wäre an seiner Stelle längst ausgezogen. Er antwortete: »Wegen der Kinder.«

Er hatte mir noch leidgetan. Heute bin ich mir nicht mehr so sicher, dass die Geschichte überhaupt wahr ist.

Wenn ich den Boden putzte, stand er manchmal hinter mir und bemerkte:

> »Ich bin ein Genießer – wenn ich Deinen Hintern beim Putzen sehe!«

Solche Momente, die ich einfach ignoriert hatte, kommen mir jetzt wieder ins Gedächtnis. Und machen mich wütend.

Ich wünschte, ich wäre schlagfertiger gewesen oder hätte wenigstens auf seine »Zigarre« gedeutet und laut gelacht oder so was.

Aber wenn ich ehrlich bin, weiß ich nicht, was ich in solchen Situationen anderes tun soll, als sie zu ignorieren, darüber hinwegzusehen.

Der Hausherrin davon zu erzählen war mir zu riskant.

Wir hatten kein vertrautes Verhältnis miteinander. Sie schickt ihre Kinder zu Dirk zum Spielen.

Ich weiß nicht, ob sie mir geglaubt hätte. Wahrscheinlich nicht.

Dann wäre ich meine Stelle los gewesen und obendrein noch die polnische Schlampe.

Dirk hätte es sicher nicht zugegeben.

Da konnte ich nur verlieren.

Seitdem habe ich Dirk nicht wiedergesehen. Ich weiß nicht, ob er mir aus dem Weg gegangen ist oder ob es Zufall war. Ich bin jedenfalls dankbar, dass ich seine blöde Visage nicht mehr sehen musste.

Oder seine »Zigarre«.

Manchmal fragen mich Leute, warum ich das alles mitmache.

Aber die verstehen nicht.

Das ist der Job.

Es gehört einfach dazu.

Wenn ich jedes Mal kündigen würde, wenn mir jemand auf den Fuß tritt, mich beleidigt oder belästigt, könnte ich nicht mehr davon leben.

Natürlich macht das etwas mit einem.

Natürlich ist es manchmal zu viel.

Natürlich werden Grenzen überschritten.

Aber mir geht es gut. Ich habe einen Job. Ich begegne auch vielen interessanten und netten Menschen, von denen ich lernen kann.

Ich muss nicht hungern, mein Leben ist nicht bedroht, ich

muss keine fetten, schwitzenden Freier befriedigen und kann in einem Land leben, das mir gefällt.

Wenn ich dafür ein paar Idioten ertragen muss, was soll's.

Ich bin frei.

Dein Hasenmann

Für die meisten Polen ist Schwulsein etwas ganz Abartiges, Ekelhaftes und Unnatürliches. Man glaubt, Schwule müssten nach ihrem Ableben direkt in die Hölle. Allein der Gedanke, einen Schwulen anzufassen oder von einem angefasst zu werden, empfindet man als ekelerregend.

Obwohl viele Priester selbst schwul sind, wettert die katholische Kirche in Polen unablässig gegen gleichgeschlechtliche Liebe.

Wie überall.

Nur in Polen glauben ihr noch die meisten.

Ich tat das auch.

Ich kannte keine Schwulen. Jedenfalls nicht offiziell.

Ich war gerade beim Einkaufen im Supermarkt, als das Handy klingelte. Eine dunkle Männerstimme begrüßte mich freundlich:

Er: Guten Tag, Sie haben eine Anzeige in der Zeitung. Ich suche jemanden, der bei mir sauber macht.

Ich: Ja, gerne. Wie groß ist denn die Wohnung?

Er: 130 Quadratmeter – ich denke, so einmal die Woche drei Stunden reicht. Es muss nicht immer alles geputzt werden. Ich bin nicht oft zu Hause.

Ich: Das geht in Ordnung.

Er: Was nehmen Sie denn?

Ich: Zwischen acht und zehn Euro.

Er: Gut, dann sagen wir neun, okay?

Ich: Alles klar. Wo soll ich hinkommen?

Ein paar Tage später stand ich bei dem Anrufer zu Hause.
Und war wie erschlagen.
So eine schöne Wohnung hatte ich noch nie gesehen. Sie erstreckte sich fast über das ganze Stockwerk eines Altbaus von 1904. Ich weiß das deshalb so genau, weil die Jahreszahl in Stein über der Eingangstür eingemeißelt stand.
Schon der Hauseingang war spektakulär: An den Wänden rechts und links wanden sich üppige Blumengirlanden aus Stuck, die von unbekleideten, herrschaftlich aussehenden Frauengestalten gehalten wurden.
Das Treppenhaus war weit und hell mit einer Treppe aus weißem Marmor.
Ich fühlte mich wie in einem Schloss.

Das Gefühl verstärkte sich, als ich die Wohnung betrat: Diese Weite. Hohe Decken, große alte Fenster, ein wunderschöner Holzboden.
An den Wänden große, moderne Bilder.
Nur wenige, geschmackvoll ausgesuchte neue Möbel.
Alles neu renoviert und ohne Risse oder Flecken.
Obwohl ich kein Altbaufan bin und Gargamel mir den letzten Rest Spaß an alten Häusern geraubt hatte, war ich einfach nur beeindruckt.
Ja, hier würde ich gerne putzen.

Der Wohnungsbesitzer stellte sich als Christian vor. Ein schlanker, großer, gutaussehender Mann Anfang dreißig. Mit kurzen, kastanienbraunen Haaren. Wenn er lachte, verschwanden seine offenen, braunen Knopfaugen fast ganz. Und er lachte oft.
Er sei Berater und viel unterwegs. Deshalb bräuchte er jemanden zum Putzen, Waschen und Bügeln.

Ich schaute mich in der Wohnung um. Es war überall so sauber und aufgeräumt, dass ich gar nicht wusste, wo ich noch hätte putzen sollen.

»Lassen Sie sich nicht täuschen, ich habe gerade aufgeräumt und geputzt. Das sieht sonst anders aus.«

Und wie recht er hatte …

Als ich zum ersten Mal zum Putzen kam, lagen in der ganzen Wohnung verstreut Kleidungsstücke. Die Zimmerpflanzen waren vertrocknet und mussten dringend entsorgt werden.
Auf dem Esstisch ein mumifizierter Blumenstrauß.
Vor dem Bett war ein Berg Bügelwäsche aufgehäuft: Hemden, T-Shirts, Unterwäsche, Hosen – alles durcheinandergemischt.
Der Küchenboden sah aus, als hätte jemand mit schlammigen Schuhen ein Muster malen wollen, die Mülleimer quollen über, und in der Waschmaschine moderte offenbar schon seit Tagen die fertig gewaschene Wäsche vor sich hin.

»Mr. Chaos« nenne ich Christian seitdem nur noch.
Er findet das lustig.
Wir kommunizieren viel per SMS, weil er fast ständig unterwegs ist.
Er fliegt in Europa herum und berät Manager darin, »wie man führt«, hat er mir erklärt.
Ich wusste gar nicht, dass da Bedarf besteht.
Das ist ja, wie einem Bäcker erklären zu müssen, wie man bäckt.
Andererseits: Vielleicht könnte ich ja Putzfrauen erklären, wie man putzt. Eine interessante Businessidee …

Wie auch immer, als ich zum ersten Mal zum Putzen kam –
Christian hatte mir den Schlüssel nach dem Vorstellungsgespräch schon überreicht –, wusste ich von seiner exklusiven
Tätigkeit noch nichts. Ich dachte mir nur: »Was ist denn hier
los?«

Und begann, erst einmal aufzuräumen.

Während ich die herumliegenden sauberen Kleidungsstücke
zusammenfaltete und zurück in den Schrank legte, fiel mir ein
gelber Klebezettel entgegen, auf dem stand:

Du bist mein Traummann.
Ich liebe Dich!
Dein Hasenmann

Ich starrte auf das Stück Papier. Las die Zeilen wieder und
wieder.

Da stand doch zweimal »Mann«, oder hatte ich mich ge-
täuscht?
Ich überlegte, ob ich etwas nicht verstanden hatte.
Ein deutscher Spezialausdruck?
Eine Redewendung?
Noch mal die Grammatik überprüfen. Ganz langsam.
Nachdenken.
Noch mal lesen.
…
War der schwul?
DER?

Ich hatte mir Schwule ganz anders vorgestellt. Eher so tuntig, hysterisch, überdreht. Eher weiblich. Mit abgeknickten Handgelenken und Lipgloss.
So wie der schwule Indianer in »Der Schuh des Manitu« oder Brisko Schneider von der »Wochenshow«. Aber Mr. Chaos hatte so gar nichts Feminines an sich.

Heute muss ich über meine Naivität lachen.
Mr. Chaos hat mich weiterempfohlen.
Ich putze mittlerweile in drei Haushalten von schwulen Pärchen.
Kein Brisko Schneider dabei.
Einer ist Lehrer, einer Arzt, ein anderer Manager, und der Vierte hat einen Blumenladen.
Sie sind alle unterschiedlich. Alle anders als das Klischee.
Schwule sind nicht notwendigerweise bessere Menschen, aber sicher auch keine schlechteren. Ganz normal eben.
Was auch immer »normal« eigentlich bedeutet …

Schwule sind ganz normal.
Wieder eine Erkenntnis, die ich ohne das Putzen nicht bekommen hätte.

Nach fünf Jahren haben Mr. Chaos und ich ein sehr freundschaftliches Verhältnis miteinander.
Er ist einer meiner Lieblingskunden.

Mr. Chaos hilft mir bei vielem. Vor allem hört er mir zu. Es ist schon toll, einen Berater zum Beraten zu haben.
Oft schenkt er mir auch abgelegte Hemden, Schuhe, T-Shirts und Anzüge für meinen Mann oder andere Polen, die ich kenne.

Einen besonderen Spaß machen wir uns daraus, ironische SMS zu schreiben. Mr. Chaos hat einen ähnlich schwarzen Humor wie ich, und ich muss oft laut lachen, wenn ich seine Kurznachrichten lese.

Als ich ihm vom »Busenmann« Frank erzählt hatte, war gerade Ostern, und Mr. Chaos hatte mir ein niedliches Osterkörbchen auf den Küchentisch gelegt, das ich am Osterdienstag vorfand. Darin 50 Euro und Süßigkeiten.

Also schrieb ich ihm eine SMS, die ihn irgendwo in Europa erreichte:

Hallo Mr. Chaos. Danke für das Ostergeschenk!

Die Antwort kam postwendend:

Mr. Chaos: Putzt Du auch oder schreibst Du wieder nur SMS? Und hast Du den Nachbarn schon Deinen Busen gezeigt?

Ich: Nein, mach ich später. Jetzt liege einfach hier. Ist sowieso nichts zu tun, überall top sauber, und schön aufgeräumt, wie doch immer bei Dir!!!!

Mr. Chaos: Ich weiß! Hast Du schon den Balkon gesehen? Hab gepflanzt ...!!! Die Zimmerpflanze, die Du mir geschenkt hast, braucht mehr Wasser, das war wohl das Problem.

Ich: Ja, habe ich gesehen. Schön! Aber du weißt ja, die neuen Pflanzen wollen bestimmt auch nicht lange bei Dir leben ...

Mr. Chaos: Kein Kommentar ...

> Ich: Und zieh mal endlich die Schuhe zu Hause aus!!! Die Böden sehen aus, als ob sie seit Jahren nicht geputzt wären!!!
>
> Mr. Chaos: Aha. Und was sagt uns das???!!!

Dass »Busenmann« bei uns so etwas wie Kultstatus erreicht hat, zeigt auch der folgende SMS-Wechsel an einem anderen Tag:

> Ich: Hallo Mr. Chaos! Kann ich erst am Freitag kommen? Ich muss noch zu einer anderen Putzstelle.
>
> Mr. Chaos: Was kriege ich dafür?
>
> Ich: Ich kann Dir meinen Busen zeigen. Und zwar gratis. Oder, na ja, 20 Euro.
>
> Mr. Chaos: 15
>
> Ich: 16
>
> Mr. Chaos: Deal!

Mr. Chaos, der Managementberater, hat mir mal erklärt: »Wenn man Witze über erfahrene Verletzungen macht, hat man sie entweder verdrängt oder gemeistert.«

Ich glaube, in diesem Fall bedeutet es Letzteres.

Frau Kiste

Mr. Chaos ist nicht der einzige Kunde, mit dem mich ein inniges Verhältnis verbindet. Da ist auch noch »Frau Kiste«.

Ein Rechtsanwalts-Ehepaar unterstützt mich nicht nur bei allen rechtlichen Fragen, sondern hört mir auch immer zu, wenn ich mal wieder Sorgen habe.
Frau Kiste ist der weibliche Teil des Paares. Zwar mag ich Herrn Kiste auch sehr, aber wir sehen uns einfach nicht ganz so oft. Für den Haushalt ist dann doch eher seine Frau zuständig.

Ich bin an drei Tagen pro Woche dort, Montag, Mittwoch und Freitag.
Die Stunden variieren stark – je nachdem, was zu tun ist.
Ich darf völlig frei entscheiden, was ich wann tue.
Hier stimmt die Berufsbezeichnung »Haushaltsmanagerin« wirklich.

Frau Kiste ist Anfang vierzig, schlank, groß und blond. Man sieht ihr an, dass ihr Bewegung und bewusstes Leben wichtig sind.
Sie achtet auf ihr Äußeres.
Und trotzdem gibt es einen Grund für den Spitznamen:

Die beiden haben ein großes, wunderschönes Haus.
Aber überall stehen Kisten herum.
Sie leben praktisch aus Kisten.

Ich habe schon immer ein ganz schlechtes Gewissen, wenn ich dort putze, weil da wirklich so viele Kartons stehen, dass ich gar nicht überall hinkomme.

Als wären sie auf ständigem Umzug. In den Kisten bewahren sie alles auf: alte Klamotten, Stofftücher, Fastnachtskostüme, Servietten, Lebensmittel, Weihnachtsschmuck.

Was andere in den Schrank stecken, liegt bei Frau Kiste sicher verwahrt in irgendeiner Box. Und die stehen dann alle lose und ohne Plan hin- und hergeschoben irgendwo in der Wohnung herum.

Frau Kiste nennt das »mobile Schubladen«.

Ein Bild wie Kraut und Rüben.

Zwar wenigstens sauber.

Aber man könnte ja auch einfach mal einen Schrank kaufen ...

Frau Kiste und ich lachen herzhaft über den Kisten-Tick. Sie behauptet ja immer: »Wir haben zu wenig Platz.« Kürzlich fragte ich sie deshalb, ob sie mehr Ordnung halten würde, wenn sie ein größeres Haus hätten. »Ja klar!«, schoss es aus ihr heraus.

Aber ich musste laut lachen über ihren verblüfften Gesichtsausdruck, als sie selbst merkte, dass sie zwar »Ja« geantwortet, aber dabei mit dem Kopf geschüttelt hatte.

Der Körper verrät manchmal mehr als die Worte, die man benutzt.

Sehr raffiniert ist auch die »Aufräumtechnik« von Frau Kiste: Wenn Besuch kommt, schmeißt sie einfach alles in ein Zimmer und macht die Tür zu.

Einfache Lösungen sind ihr Markenzeichen.

Und große Menschlichkeit. Sehr sensibel und ohne Standesdünkel nimmt sie andere Menschen wahr. So pragmatischlocker sie mit Ordnung umgeht, so tut sie es auch sonst im Leben.
Wirklich feine Menschen sind sich für nichts zu fein.

Als ich einmal bei ihr putzte, fiel mir auf, dass auf dem langen Panoramafenster im Wohnzimmer großflächig Vogeldreck verteilt war. Ich nahm mir vor, es gleich zu säubern, nachdem ich das Bad gemacht hätte.
Aber als ich schließlich mit Eimer und Tuch anrückte, sah ich Frau Kiste schon am Fenster stehen und die Verdauungsreste des Gefieders selbst wegwischen.

Obwohl die Putzfrau im Haus war.

Es sind die vermeintlich kleinen Gesten, die das wahre Wesen von Menschen offenbaren.

Von meiner Hochzeit habe ich außer Mr. Chaos sowie Frau Kiste und ihrem Mann keinem Kunden etwas erzählt. Ich bin mit privaten Informationen sehr zurückhaltend. Arbeit ist Arbeit und Privatleben ist Privatleben.

Frau Kiste war begeistert:

> Sie: Oh TOLL! Was sollen wir Dir schenken? Was wünscht Ihr
>   Euch denn?
> Ich: Ihr müsst gar nichts schenken.
> Sie: Aber natürlich schenken wir Euch was! Was wollt Ihr

denn haben? Oder lieber Geld? Schenkt man in Polen Geld?

Ich: Na ja, wir haben allen gesagt, wir wollen nur Geld – sonst ist es in Polen so, dass man acht Bügeleisen, fünf Handrührgeräte und zwei Waschmaschinen bekommt. Das Geld ist für unsere Flitterwochen.

Sie: Na perfekt! Das Geld muss ja irgendwohin …

Ich: Ja, da wird halt immer so eine Kiste aufgestellt. Da werfen die Gäste dann ihr Geld rein.

Sie: Na mit Kisten kenn ich mich ja aus! Ich mach Dir eine Schatztruhe für Euer Geld!

Ich fand das klasse: eine Kiste von Frau Kiste!
Und wer meint, das klinge zu langweilig, hat sich getäuscht.
Eine Kiste von Frau Kiste ist nicht einfach nur eine Kiste …

Sie war ganz begeistert und ließ ein ganzes Programm anrollen:
Erst besorgte sie ein Piratenkostüm für meinen Mann und bat mich dann, ihr im Gegenzug zwei Fotos von uns mitzubringen, auf denen er das Kostüm und ich einen Bikini anhatte.
Die Fotos bearbeitete sie dann am Computer so, dass es aussah, als läge ich als Meerjungfrau am Strand. Mein Mann, der Pirat, stand hinter mir und schaute mit einem langen Fernrohr aufs weite Meer hinaus. Ganz so, als wollte er die Honeymooninseln finden. Mit diesem Foto beklebte sie dann eine kleine Schatztruhe.

Ich war so gerührt von diesem kreativen und aufmerksamen Geschenk, dass ich die 100 Euro, die darin lagen, erst gar nicht entdeckte.

So einen großzügigen Beitrag zu unserer Hochzeitsreise hatte ich überhaupt nicht erwartet.

Ich fand die Kiste schon beeindruckend genug. Sie steht bis heute bei uns im Regal.

Aufmerksamkeit und Mühe zeichnen Frau Kiste auch im Umgang mit ihren beiden Kindern aus. Die sind sieben und zehn, ein Junge und ein Mädchen.

Obwohl sie voll arbeitet, kommt sie jeden Mittag nach Hause und kocht für die beiden. Immer frische Sachen, nie Fertiggerichte oder Tiefkühlkost.

Beide Kinder sind sehr angenehme, sensible und liebevolle kleine Menschen. Ich finde es vorbildhaft, wie Frau Kiste sie zu Wertschätzung und Anteilnahme erzieht.

Wenn Gäste im Haus sind, kommen die beiden aus ihren Zimmern und begrüßen sie. Dasselbe bei der Verabschiedung.

Frau Kiste achtet darauf, dass sie auch mich behandeln wie einen persönlichen Gast des Hauses.

Als sie einmal zum Spielen zu Freunden gingen und vergaßen, sich von mir zu verabschieden, rief sie sie zurück und sagte: »Sagt tschüss zu Justyna.«

Ich war ganz gerührt, als die beiden daraufhin zu mir rannten, mir um den Hals fielen und mir »Tschüss, Justyna« ins Ohr flöteten.

Das hatte ich nicht erwartet.

Und es zauberte mir ein Lächeln ins Gesicht, das den ganzen Tag anhielt.

Potente Putztipps

Ich werde oft gefragt, ob ich nicht ein paar Putztipps hätte. Wie man Fenster streifenfrei bekommt, welches Waschmittel am besten funktioniert oder was man tun muss, um Rotweinflecken auszuwaschen.

Interessanterweise sieht man mich irgendwie als Autorität in Sachen Sauberkeit. Obwohl ich nie studiert habe …

Ich weiß nicht, ob ich diesem Anspruch genügen kann. Aber sicher bin ich nach zehn Jahren professionellem Putzen so was wie eine Spezialistin auf diesem Gebiet.

Allein schon, um mir selbst die Arbeit zu erleichtern.

Deshalb teile ich gerne ein paar meiner Putztricks mit Ihnen. Noch mehr davon finden Sie auf meiner Website unter: www.Putzen-mit-Justyna.de

Justynas Tipps zum stressfreien Putzen

1   Verschmutzte Fensterrahmen

Mir ist aufgefallen, dass viele meiner Kunden zwar die Fenster putzen, dabei aber die Rahmen aussparen. Damit das ganze Fenster wieder aussieht wie neu, putze ich vor dem Fenster erst einmal die Rahmen. Und zwar mit Scheuermilch. Die befreit sie von Schmutz und Verfärbungen, lässt aber die gängigen Oberflächen intakt.

2   Fenster

Fenster will man streifenfrei. Das bringt viele zur Verzweiflung, dabei ist es gar nicht so schwer. Einfach einen Schuss Essig oder Alkohol ins Putzwasser geben und abschließend mit altem Zeitungspapier oder Küchentüchern trocken reiben. Oft funktioniert die Streifenfreiheit auch deswegen nicht, weil die Lappen zu schmutzig sind (s. Punkt 8). Fensterputzmittel kann man sich übrigens ganz leicht selbst herstellen: Nehmen Sie eine handelsübliche Sprühflasche (1000 ml) und füllen Sie sie zur Hälfte mit Wasser. Geben Sie einen Esslöffel Spülmittel dazu, 60 ml reinen Alkohol und 80 ml Reinigungsessig. Dann die Flasche mit Wasser auffüllen. Fertig ist der Fensterreiniger.

3 Edelstahlwaschbecken

Flecken und Kalkreste auf Edelstahl entfernt man am besten, indem man die Fläche mit Kartoffelschalen einreibt und mit einem weichen Tuch nachpoliert. Hört sich vielleicht ein bisschen eklig an, ist aber völlig biologisch abbaubar und funktioniert seit einigen Generationen.

4 Armaturen

Hier ist mein Mittel der Wahl: Cola. Die süße Brause nimmt den Schmutz mit, macht dabei aber die Oberflächen nicht kaputt wie manche chemischen Reinigungsmittel. Danach einfach mit lauwarmem Wasser abspülen, sonst klebt's …

5 Flecken

Bei Flecken ist immer wichtig zu wissen, aus was sie bestehen. Ist Öl drin? Oder Eiweiß? Je nachdem, bestimmt sich daraus die Methode. Außerdem sollte man die jeweilige Arbeitsweise immer erst an einer Stelle des Kleidungsstückes ausprobieren, die man nicht gleich sieht. Für den Fall, dass sich etwas verfärbt oder auflöst. Grundsätzlich gilt: Frische Flecken gehen immer besser raus als eingetrocknete. Deshalb: schnell handeln.

5a Lippenstift

Lippenstift beinhaltet Öl. Deshalb betupft man das beschmutzte Teil am besten mit etwas fettlösendem Haushaltsreiniger, reinem Alkohol oder Ammoniak (nie bei Seide oder Wolle), die man vor der Wäsche aufträgt. Auf keinen Fall darf man den Fleck reiben, damit massiert man ihn nur noch tiefer ins Gewebe. Danach einfach nach Etikett waschen. Meine Mutter schwört, dass Haarspray noch besser funktioniert: Aufsprühen, ein paar Minuten warten und dann mit einem sauberen Tuch abwischen, in klarem Wasser auswaschen und dann nach Etikett waschen.

5b Nagellack

Nagellack geht ziemlich leicht weg. Dazu nimmt man einfach einen Nagellackentferner und reibt den Fleck damit aus dem Gewebe. Wenn man es sanfter braucht, kann man auch folgenden Trick anwenden: Das Stück mit dem Fleck über eine kleine Schüssel spannen. Zur Fixierung ein Gummiband benutzen. Dann langsam kleine Mengen Nagellackentferner auf den Fleck träufeln oder löffeln und mit dem Finger leicht einmassieren. Dann nach Etikett waschen.

5c Flüssiges Make-up

Hier habe ich ein Mittel, das schon im Zweiten Weltkrieg benutzt wurde. Seife war damals knapp, und man legte das verschmutzte Teil einfach draußen auf das Gras. Mit der Fleckenseite nach unten. Am nächsten morgen ist der Fleck weg. Fragen Sie mich nicht, was da passiert, aber es klappt. Wem das nicht geheuer ist, der kann auch ein wenig fettlösendes Geschirrspülmittel benutzen. Das funktioniert bei allen öligen Flecken sehr gut. Dann nach Etikett waschen.

5d Haarfärbemittel

Haarfärbemittel findet meistens seinen Weg an die Bluse oder das Handtuch. Egal wie sehr man aufpasst. Deshalb zum Färben am besten immer nur alte Sache anziehen und Handtücher in ähnlicher Färbung verwenden. Denn diese Flecken sind die schlimmsten. Müssen sie aber dann doch mal entfernt werden, kann man nur versuchen, sie so lange mit reinem Alkohol, Terpentin oder Feuerzeugbenzin zu betupfen, bis die Färbung verschwindet. Beten hilft.

5e Blut

Blut gehört zur Gruppe der eiweißhaltigen Flecken. Deshalb braucht man zur Fleckenentfernung auch keine Fettlöser. Am besten also mit Mineralwasser ausreiben, wenn das Blut noch frisch ist. Die Waschmaschine erledigt dann den Rest. Bei eingetrocknetem Blut sieht es anders aus. Hier hilft Wasserstoffperoxid, das direkt auf den Flecken gegeben wird. Aber Vorsicht, das kann entfärben. Alternativ kann man den Blutfleck mit einer Mischung aus eiskaltem Wasser und einem Teelöffel pH-neutralem Waschmittel betupfen. Danach einen Teelöffel Ammoniak mit eiskaltem Wasser mischen und damit wiederholen. Als dritten Schritt dann mit reinem eiskalten Wasser säubern.

5f Butter

Butter darf vor dem Waschen niemals mit reinem Wasser behandelt werden. Das macht den Fleck nur noch hartnäckiger. Stattdessen zuerst mit einem Messer die überschüssige Butter abkratzen und eine Paste aus Wasch- oder Spülmittel und Wasser einmassieren. Danach waschen. Alternativ kann man es auch gut mit Ammoniak, Feuerzeugbenzin und Haarspray versuchen. Meine Mutter lässt grüßen.

5g Fäkalien

Fäkalien von Mensch und Tier entfernt man am besten mit zwei Teelöffeln Ammoniak, den man in einem Glas Wasser auflöst. Dann den Fleck damit betupfen und anschließend mit kaltem Wasser auswaschen. Sollte der Fleck hartnäckiger sein, einfach ein paarmal wiederholen. Die Spuren, die Haustiere auf Teppich oder Sofa hinterlassen haben, riechen manchmal heftig. Da ist ganz normales Backpulver eine tolle und billige Lösung. Das streut man auf den stinkenden Fleck, lässt es über Nacht darauf und saugt es am nächsten Morgen ab. Weg ist dann auch der Geruch. Und das ist besonders wichtig, denn Katzen oder Hunde haben einen viel feineren Geruchssinn als wir Menschen. Und die kommen sonst immer wieder an denselben Ort zurück …

5h Wachs

Wachs, das auf Tischtuch, Serviette oder Kleidung fest geworden ist, muss in mehreren Schritten entfernt werden. Zuerst muss man den Fleck kühlen, damit er ganz fest wird und nicht mehr verschmieren kann. Mit einem Eiswürfel oder einem Eispack zum Beispiel. So kann man dann das Gröbste mit einer EC-Karte oder einem Fischmesser abschaben. Bloß nie ein scharfes Messer nehmen, damit kann man den Stoff kaputt machen. Wenn das überschüssige Wachs entfernt ist, braucht man ein Bügeleisen und ein paar Blätter Küchentuch.

Ein Küchentuch kommt unter den verfleckten Stoff, ein zweites darüber. Dann bügelt man mit dem heißen Bügeleisen (Achtung: nicht heißer, als der Stoff erlaubt!) über den Papiersandwich. Das Wachs wird flüssig und zieht in die Küchentücher. So lange wiederholen, bis nichts mehr an den gebügelten Küchentüchern zu sehen ist. Wenn der Wachs gefärbt war, ist jetzt noch die Farbe im Stoff. Der Farbfleck sollte dann vor dem Waschen noch vorbehandelt werden. Anschließend nach Etikett waschen.

Wollen Sie Teelichtgläser oder Metallkerzenständer von Wachs befreien, ist dieser Trick sehr effektiv: Heizen Sie den

Ofen auf 50–80 Grad, legen Sie ein Blech mit Küchentuch aus und plazieren Sie die Gläser oder Kerzenleuchter umgestülpt darauf. Nach ca. 2 Stunden nehmen Sie die Gläser heraus. Das Wachs ist nun ins Küchentuch gelaufen. Sie können auch von vornherein Wachsanhaftungen vermeiden, indem Sie immer ein bisschen Wasser oder Sand in die Gläser füllen und danach erst das Teelicht hineinstellen.

6   Staub

Staub ist nichts Schlimmes. Er kommt nur immer wieder. Dagegen kann man leider nichts machen. Aber man kann ihn in der Regel einfach wegwischen. Wo das nicht so einfach geht, wie bei Kristallleuchtern oder künstlichen Blumen etwa, gibt es gute Tricks. Beim Kristallleuchter kann man einen Feder-Staubwedel mit einem alten Baumwollsocken überziehen und das Ganze mit Fensterputzmittel besprühen. Damit dann vorsichtig von einer Leiter aus die Kristalle abwischen. Verstaubte Seidenblumen reinigt man, indem man die Blumen in eine Papiertüte steckt, in die man vorher reichlich Salz oder Dekosand gegeben hat. Dann die Tüte oben gut zuhalten und sachte schütteln. So wird der Staub auch in schwer zugänglichen Winkeln gelöst.

7   Staubsaugergeruch

Staubsaugergeruch ist die neue Gelddruckmaschine der Reinigungsfirmen. Viele Firmen bieten Duftkapseln an, die man gegen den Geruch einsetzen kann. Sparen Sie sich das Geld. Streuen Sie lieber Kaffee oder Zimt auf den Küchenboden und saugen Sie darüber. Das riecht genauso gut, ist völlig abbaubar und kostet fast gar nichts.

8 Küchenschränke

Küchenschränke verfetten mit der Zeit. Sie werden dabei zwar nicht dicker, aber schmieriger. Während man die Vorderseiten gut abwischen kann, ist es oben auf den Schränken eher umständlich. Aber da gibt es Abhilfe: Legen Sie einfach ein paar Lagen alte Zeitung oder Küchentuch oben auf die Küchenschränke. Das saugt alles Fett auf und hält auch gleich noch den Staub ab. Alle zwei Monate austauschen, und alles bleibt blitzblank und wie neu.

9 Putzlappen

Putzlappen oder Spülschwämmchen sind nicht selten ein Schwachpunkt beim Putzen. Manche benutzen sie wochenlang in der Annahme, dass sie sich selbst reinigen. Tun sie aber nicht. Im Gegenteil. Es sammeln sich über Tage und Wochen Bakterien darin. Das ist zwar nicht dramatisch, aber Bakterien erzeugen beim Wischen mit der Zeit eine Art Schleimfilm. Es entstehen Schlieren auf glatten Oberflächen. Deshalb wasche ich nach jedem Putzen die Lappen, Schwämme, Mikrotücher usw. bei 60 oder 90 Grad. Danach sind die Bakterien tot und schleimen nicht mehr rum.

10 Wollmäuse

Wollmäuse findet man unter Betten, Schränken und Sofas. Es sind diese zusammengeknäuelten Staubberge, die entstehen, wenn ewig lange nicht Staub gewischt wurde. Das Problem ist: Sie sind Brutherde von Milben, Kakerlaken ernähren sich davon, und ab und zu fliegen sie unter dem Bett weg und in die Wohnung. Deshalb: Regelmäßig unter dem Bett saugen, indem man einfach die Bürste vom Staubsauger abmacht und das Rohr unters Bett schiebt.

11 Kalk

Kalk lagert sich gerne an Duschwänden und Waschbecken ab. Deshalb sollte man nach jedem Duschen Fliesen und Armaturen mit einem Mikrofasertuch abwischen. So bleibt alles wie am ersten Tag. Wem das zu mühsam ist, der kann Glasflächen mit Autowachs versiegeln. Das verschließt die Poren, und Wasser perlt ab. So gibt es auch keine Flecken. Alle Vierteljahre wiederholen. Essig hilft auch gegen Kalk, ist aber bei manchen Armaturen zu aggressiv; die Griffe werden matt. Stattdessen kann man auch Zitronensäure verwenden. Die ist sanfter, und es gibt sie als Pulver in jeder Apotheke.

12 Mülleimer

Mülleimer stinken, wenn man sie zu lange nicht leert. Das weiß jedes Kind. Aber trotzdem wird oft wenig dagegen unternommen. Die einfachste Lösung ist, den Müllsack öfter wegzuwerfen. Und zwar schon, wenn er noch nicht voll ist. Viele Tüten sind heute biologisch abbaubar und können bedenkenlos entsorgt werden. Machen Sie es sich zur Gewohnheit, den Mülleimer bei jedem Beutelwechsel mit Spülmittel auszuwaschen, damit nichts vor sich hin modert. Dann können Sie sich den teuren Mülleimerduft sparen.

13 Silber

Angelaufenes Silber muss man nicht mit teuren Mitteln umständlich reinigen. Hier sind Raucher deutlich im Vorteil: Machen Sie ein Baumwolltuch feucht und tupfen Sie es in Zigarettenasche. Damit polieren Sie dann das Silber. Die Verfärbungen verschwinden. Noch einmal sauber nachpolieren. Fertig. Für Silberschmuck liebe ich dieses Hausmittel: Lösen Sie einen Esslöffel Zahnpasta in Milch auf und legen Sie den zu reinigenden Silberschmuck für 1 Stunde in die »Marinade«. Danach waschen Sie den Schmuck aus und lassen ihn trocknen. Der strahlt wieder wie neu.

14 Urinstein

Urinstein ist das, was sich in Toiletten mit der Zeit ablagert und ganz unschöne Flecken gibt. Sie bauen sich über längere Zeit auf und müssen deshalb auch mit Langzeitmethoden entfernt werden: Tränken Sie mehrere Lagen Küchentuch mit reinem Essig. Bepflastern Sie damit die verschmutzten Stellen. Es muss alles abgedeckt sein. Die Tücher dann mehrere Stunden lang immer wieder mit Essig befeuchten. Am besten über Nacht einwirken lassen. Danach die Tücher abnehmen und die aufgeweichten Stellen mit einer harten Fingernagelbürste sauberreiben. Das sollte das Problem beheben.

15 Schimmel

Schimmel bekämpft man am besten, indem man ihn verhindert. Deshalb feuchte Räume immer gut lüften. Denn Schimmel entsteht in warmen, feuchten Räumen. Außerdem hilft ein ganz simples Mittelchen gegen schon entstandenen Schimmel: Zu gleichen Teilen Wasser und Wasserstoff (z.B. in Haarfärbemittel) vermischen. Das Gemisch in eine Sprühflasche füllen und aufsprühen. Nicht abwischen, sondern drauflassen. Gegebenenfalls wiederholen. Der Wasserstoff bleicht die Flecken aus. Aber Vorsicht auf farbigen Wänden. Also lieber regelmäßig lüften.

16 Angebranntes

Angebranntes macht Pfannen und Töpfe schwer zu säubern. Einfacher wird es, wenn Sie die verschmutzten Töpfe sofort (wenn sie noch warm sind) mit Wasser füllen und auf die noch heiße Herdplatte zurückstellen. Sie können auch ein paar Tropfen Spülmittel hinzufügen. Das Ganze etwa eine Stunde lang einwirken lassen. Danach die Reste mit einem Holz- oder Plastikspachtel abkratzen. Wo möglich, anschließend mit Stahlwolle restlos abreiben. Man kann auch Laugen oder Backpulver verwenden, aber die entfärben Aluminium, also erst einmal an einer unauffälligen Stelle ausprobieren.

17 Aluminium

Aluminium verfärbt sich auch, wenn man zum Beispiel Salz ins Wasser gibt, bevor es kocht. Das kann man mit einer Mischung aus einem Teelöffel Haushaltsessig oder zwei Teelöffeln Backpulver auf einen Liter Wasser behandeln. Die Lösung im Topf aufheizen und köcheln lassen, bis die Verfärbung verschwindet.

18 Teppiche

Teppiche lassen sich am besten reinigen, indem man sie erst einmal trocken mit einem Schrubber fegt. Das nimmt den Schmutz zwar noch nicht weg, aber es löst ihn. Dann kann man als zweiten Schritt mit dem Staubsauger die Schmutz-körner gut aufsaugen. Dieser Vorgang ersetzt meistens die teure Shampoo-Teppichreinigung. Gerüche neutralisiert man, indem man 250 ml Borax (bekommt man günstig als Pulver in Apotheke oder Reformhaus) und 500 ml Maismehl (bekommt man im Reformhaus) mischt und auf den Teppich streut. Zwei Stunden drauflassen und anschließend absaugen. Um einen schönen Duft zu bekommen, kann man dann den Teppich noch mit Körperpuder bestreuen. Nach 15 Minuten absaugen und alles duftet nach Waldbeere, Kokosnuss, Vanille …

19 Wandflecken

Wandflecken haben viele meiner Kunden, die ihre Wände glatt verputzt haben. Besonders in Altbauten sind glatte Wände zurzeit wieder in. Sobald man an so einer Wand mit irgendetwas entlangschrappt, entsteht ein hässlicher schwarzer Strich auf der weißen Fläche. Aber kein Grund zur Sorge. Die kann man ziemlich einfach wegradieren. Dazu braucht man nur einen ganz normalen Radiergummi – am besten in der Farbe der Wand. Damit so lange rubbeln, bis alles verschwunden ist.

20 Alujalousien

Alujalousien sehen schick aus, sind aber etwas fummelig. Man kann sie jedoch gut mit einer Mischung aus Wasser und ein paar Tropfen Flüssigseife oder Spülmittel reinigen. Ein fusselfreies Tuch damit befeuchten und die Lamellen einzeln von oben und unten abwischen. Dauert ein bisschen, geht aber gut. Am besten regelmäßig immer mal ein paar machen, dann wird es nicht so nervig.

Wodka und Walzer

Im Mai 2009 heiratete ich meinen Freund. Die standesamtliche Zeremonie fand in Deutschland statt, die Feier in Polen.
Es war eine gelungene Party.
Typisch polnisch.

Wir hatten uns entschlossen, in Offenbach zu heiraten, weil wir nicht wussten, ob eine standesamtliche Heirat in Polen irgendwelche Anerkennungsprobleme mit sich bringen würde. Um sicherzugehen, fanden wir uns also auf dem Rathaus ein und ließen uns nach deutschem Recht trauen.
Der Kreis unserer Freunde und Familien war sehr klein. Wir brachten das Bürokratische hinter uns und gingen danach noch eine Kleinigkeit essen.

Eine feierliche Atmosphäre kam aber dennoch auf.
Auch deswegen, weil ich mein weißes Hochzeitskleid schon trug, das ich wenige Wochen vorher in Polen gekauft hatte.
Das war nötig, weil ein Freund die standesamtliche Hochzeit filmte und später auch die polnische Party. Wir wollten, dass es nach dem Zusammenschneiden so aussah, als sei alles aus einem Guss. Und da wäre es verwirrend gewesen, wenn wir zwei unterschiedliche Outfits angehabt hätten.
Also waren wir schon auf dem Standesamt in voller Montur.
Mein Mann trug einen klassischen italienischen Anzug. Edles Dunkelblau. Tailliert. Mit Einstecktuch.
Er sah toll aus.

Mein Kleid hatte ich in Polen organisiert, erstens weil es dort günstiger ist – ich habe »nur« 700 Euro bezahlt. In Deutschland wäre mich das mindestens dreimal so teuer gekommen.

Und zweitens, weil mir die deutschen Hochzeitskleider nicht wirklich gefallen. Der Stil hier ist einfach ein anderer.

Die Kleider sind in Deutschland eher gerade geschnitten, fallen lose und haben wenig Schmuck.

Wir Polinnen würden so was höchstens am Strand anziehen.

Es sieht für uns zu einfach aus, zu wenig feierlich, nicht aufwendig genug. Immerhin geht es um eine (hoffentlich) einmalige Angelegenheit.

Normalerweise geht man das Hochzeitskleid mit Freundinnen oder der Mutter kaufen. Frauen unter sich.

Bei mir hingen dagegen mein völlig gelangweilter Vater und mein Zukünftiger vor der Umkleidekabine herum und wurden immer genervter, je öfter ich zum Umziehen verschwand.

Und das war nicht wirklich oft, denn schon das vierte Kleid war perfekt: Reich verziert, aber nicht kitschig. Korsett mit Glasperlen und Glockenrock.

Ich fand, ich sah schon auf dem Standesamt aus wie eine Prinzessin.

Dass ich keine war, wurde mir jedoch schlagartig bewusst, als mein Handy den Eingang einer SMS verzeichnete.

Ich hatte meine Kunden frühzeitig davon unterrichtet, dass ich an jenem Mittwoch leider nicht zum Putzen kommen konnte.

Weil ich eine Familienfeier besuchen müsse.

Kurz vor der Trauung erhielt ich von einem besorgten Kunden folgende SMS:

Hallo, kommen Sie heute?
Wenn ja, bitte alle Mülleimer rausbringen!

Ein schöner Hochzeitsgruß …
Und so aufmerksam …
Aber es war trotzdem ein schöner Tag.

Einen Monat später machten wir uns wieder auf den Weg nach Polen, diesmal zur Hochzeitsparty.
Die kirchliche Trauung schenkten wir uns.
Der Grund ist mir fast ein bisschen peinlich.
Es mag abergläubisch klingen, aber ich finde, eine kirchliche Hochzeit geht nur einmal im Leben. *Eine* Chance.
Und die wollte ich noch nicht aufbrauchen.
Wer weiß, was noch passiert. Nicht, dass ich mir nicht sicher wäre, dass ich meinen Mann liebe und wir zusammengehören. Aber kirchlich zu heiraten ist für mich, als wäre Hungersnot und ich hätte nur noch ein Stück Brot. Das hebe ich mir lieber für später auf.
Und ich kann ja meinen Mann auch noch mit 60 kirchlich heiraten.
Ein bisschen gaga, ich weiß …
Aber ich kann es nicht ändern.

Eines Freitags im Juni fuhren wir also los, acht Tage vor der Party. Unser kleiner Flitzer war so vollgepackt, dass wir im Rückspiegel nichts mehr sehen konnten. Schon im März hatten wir alles geplant, gebucht und reserviert: das Restaurant, das Essen, die Musik, Dekoration und Blumenschmuck.

Einen Tanzkurs hatten wir auch schon angefangen.

Heimlich.

Denn meine Familie hatte sich über das nicht existente Tanztalent meines Freundes lustig gemacht. Vor allem meine Mutter. Auf der Hochzeit wollte er es allen zeigen. Nur musste es natürlich so aussehen, als könne er plötzlich und ohne große Anstrengung total gut tanzen ... Männer.

Zweimal die Woche arbeiteten wir hart am Walzer, ohne dass jemand davon wusste.

Und wir wurden richtig gut.

Nach zehn Tanzstunden in Deutschland nahmen wir uns in der Woche vor der Party noch einen polnischen Tanzlehrer, der uns den letzten Schliff verpasste.

Ein Staatsakt wäre weniger aufwendig gewesen.

Bevor wir unseren Starauftritt hatten, mussten wir aber noch den Polterabend hinter uns bringen. Wie in Deutschland ist es auch in Polen üblich, am Vorabend der Hochzeit zum Brautpaar zu gehen und Scherben zu produzieren.

Allerdings benutzen wir dazu kein Porzellan, sondern leere Glasflaschen.

Die Botschaft dahinter ist klar:

Gebt uns was zu trinken!

Ab 18 Uhr steht das Brautpaar also vor dem Haus und schenkt Wodka aus.

Natürlich gibt es auch alkoholfreie Getränke, Cola, Fanta und Tonic. Zu essen gibt es den traditionellen frischen Streuselkuchen. Unserer war noch heimlich warm.

Daneben sind Tische mit kalten Platten aufgebaut: Schinken, Wurst, Käse, Oliven, Tomaten, Brot. Das isst man in der Hand, trinkt Wodka, steht vor dem Haus und feiert.

Der polnische Polterabend ist hauptsächlich ein Fest für den weiteren Freundes- und Bekanntenkreis. Oft kommen auch völlig Fremde, die mitbekommen, dass es Essen und Trinken umsonst gibt.

Angehörige des engsten Familienkreises kommen meistens nicht, weil sie Angst haben, beim Hauptfest am nächsten Tag noch erschöpft zu sein und nicht mehr voll mitfeiern zu können.

Da lässt man das Vorfest, den Polterabend also, lieber aus.

Wir Polen sind pragmatisch.

Gegen Mitternacht waren die letzten Gäste fort. Wir räumten noch kurz auf und legten uns dann schleunigst ins Bett, denn am nächsten Tag mussten wir mittags gut aussehen.
Für die Hochzeitsfotos.

Eine polnische Hochzeit

Unser Fotograf scheuchte uns durch den ganzen Ort. Wir machten drei Stunden lang Fotos am See, am Schloss, im Park, auf der Wiese, vor dem Rathaus. Insgesamt bekamen wir 60 professionelle Fotos. Inklusive Album kostete uns das 450 Euro. In Deutschland hatten wir uns ein Angebot für die standesamtliche Hochzeit eingeholt:
6 Fotos für 600 Euro.
Die Wahl fiel uns nicht schwer.

Um 17 Uhr begann die große Party.
Mit dem Mittagsessen.
In Polen isst man sehr spät zu Mittag, wenn man weiß, dass der Abend lang wird.
Unser Restaurant hieß »Toscana« und sah aus wie ein italienischer Palast. An den Wänden Landschaftsmalereien und überall Steinvasen mit Pflanzen. Der Gastraum war neu renoviert, und die Farben strahlten in voller Leuchtkraft.
Für die Feier hatten wir eine Band organisiert: eine Sängerin, Klavier und Gitarre. Sie spielten den ganzen Abend polnische Schlager, und die Stimmung war großartig. Auf den mit Silberbesteck eingedeckten Tischen standen pinke Rosen auf weißen Tischdecken.
So hatte ich es mir immer gewünscht.

Das Essen wird bei uns nicht als Menü oder in Buffetform serviert, sondern auf großen Platten direkt auf die Tische gestellt.
Sie werden so lange nachgefüllt, bis der Letzte gegangen ist.

Es gibt immer alles: Rindfleisch, Schweinefleisch, Hähnchen, Fisch, Klöße, Reis, Kroketten, Kartoffeln, Nudeln, verschiedenste Gemüse, Salate, Soßen, Brot – und Wodka.
Man rechnet einen Liter pro Gast.
Bevor die Platten kommen, wird eine traditionelle Hochzeitssuppe serviert, die ähnlich ist wie eine deutsche Nudelsuppe mit Fleischeinlage.

Die Party beginnt vor dem Restaurant. Dort versammeln sich erst einmal alle Gäste mit dem Brautpaar, denn das muss den Saal »öffnen«.
Der Mann trägt die Braut über die Schwelle, die Hochzeitsgesellschaft folgt, die Band beginnt zu spielen.
Alle Gäste stellen sich im Kreis auf, und jeder bekommt ein Glas Sekt. Dann singen alle dem Brautpaar ein Ständchen, und jeder stößt mit ihnen an.
Danach setzen sich alle, und das Essen wird eröffnet.

Wenn der erste Hunger gestillt ist, kommt der Hochzeitstanz.

Ich weiß nicht, ob es an der Aufregung oder am Essen lag, aber mir war plötzlich ganz schlecht. Auch mein Mann schwitzte wie ein Stier, als wir uns auf die Tanzfläche begaben.
Mit vollem Magen tanzen.
Und alle schauten zu.
Furchtbar.

Die Band hob an.
Die ersten Walzertakte ließen wir verstreichen.
Erst einmal die Musik spüren.

Das hatten wir gelernt.

Wir standen uns gegenüber und versuchten, in den Augen des anderen Beruhigung zu finden.

Plötzlich atmete mein Mann tief ein, hob seine Arme auf Schulterhöhe, spannte den Rücken und hob den Blick. Ich legte meine Hand in seine, bog den Oberkörper leicht nach hinten und ließ mich in die Musik fallen.

Ein Raunen ging durch den Saal.

Wir sahen gut aus.

In regelmäßigen Kreisen umwirbelten wir die Tanzfläche und wurden immer gelöster. Im Gesicht meines Mannes konnte ich ein triumphierendes Lächeln erkennen.

Es war wie im Traum.

Nach einigen Minuten kamen weitere Paare auf die Tanzfläche und schlossen sich uns an, bis schließlich alle Gäste im Takt der Musik wiegend mitschwangen.

Unser Hochzeitswalzer war ein voller Erfolg.

Nach dem Tanz kamen wir an frisch eingedeckte Tische zurück, auf denen diesmal kalte Speisen standen: Fisch in Aspik, Salate, Brot, Käse, Wurst, Schinken.

Die wurden später wieder abgelöst von Kaffee, Tee und Kuchen.

Das Essen nahm kein Ende.

Der Wodka floss in Strömen.

Ich bin kein besonderer Wodka-Fan, aber heute kam ich nicht umhin, ihn reichlich zu trinken.

Denn jedes Mal, wenn ein Gast das Glas auf das Brautpaar

erhebt, muss dieses ihm zuprosten, mittrinken und sich anschließend küssen.

Manche Gäste machen sich einen Spaß daraus, diese Sitte bis zum Exzess zu strapazieren: »Wenn die so weitermachen«, raunte ich meinem Mann zu, »ist mein ganzes Make-up verschwunden. Aber das macht nichts, ich liege sowieso gleich unterm Tisch …«

Um Mitternacht kommen die Spiele. Unter anderem wird bei uns in Polen der Schleier geworfen. Dazu stellen sich die unverheirateten Frauen in einem Halbkreis auf, und die Braut wirft ihren Schleier blind in die Menge. Wer ihn fängt, wird – wie beim Brautstraußwerfen – als Nächstes heiraten.
Meine Schwester fing den Schleier.
Danach wirft der Bräutigam seine Krawatte für die Männer. Praktischerweise fing die der Freund meiner Schwester.
So gab es keine Probleme.

Nach diesem Prognose-Werfen tun wir dann wieder das, was wir am besten können: essen.
Diesmal den Mitternachtssnack.
Der besteht konsequenterweise wieder hauptsächlich aus verschiedenen Fleisch- und Wurstsorten.

Am Ende tanzten die Gäste auf den Knien. Mein Vater war so betrunken, wie ich ihn noch nie gesehen hatte.
Krawatten und Jacketts lagen unter den Tischen, daneben der ein oder andere Wodkasünder.
Einer kotzte um vier Uhr noch auf die Treppe.
Ab zwei hatte er eigentlich draußen auf ein Taxi warten wollen, aber die anderen holten ihn immer wieder »auf ein Ründchen« herein. Irgendwann bricht eben jeder …

Um fünf Uhr waren wir durch.

In jeder Hinsicht.

Als wir heimkamen, machten wir noch die vielen Briefe und Umschläge auf, die wir bekommen hatten, um uns anschließend erschöpft und glücklich ins Bett fallen zu lassen.

Am nächsten Tag würde es nur noch eine Etappe zu bewältigen geben.

Das Resteessen.

Onkel Doktor

Einer meiner Kunden ist Zahnarzt mit eigener Praxis. Mit seinem Hund Franz wohnt er in einer Vierzimmerwohnung.

Franz ist ein Weimaraner, ein edles Tier.

Weimaraner waren lange verschrien in Deutschland, weil sie früher die Spürhunde der SS-Offiziere waren. Aber diese Zeiten sind lange vorbei, und mittlerweile sind die schlanken silbergrauen oder schokobraunen Tiere mit den bernsteinfarbenen Augen wieder als »Adelshunde« in Mode.

Natürlich hat der Herr Doktor einen Weimaraner.

Franz sollte eigentlich nur »auf Probe« kommen. Offensichtlich ist die Probe gelungen, denn mittlerweile sauge ich seit einem Jahr jede Woche Berge von Hundehaaren von den fünfzehn Perserteppichen, die der Herr Doktor von Mama geschenkt bekommen hat.

»Benannt ist er nach dem österreichischen Kaiser Franz-Josef. Kennen Sie den?«

Nein, nicht persönlich. Aber ich bin Polin, und die österreichischen Kaiser haben sich selbst bis zu uns durchgesprochen.

Aber der Herr Doktor meint sowieso immer, ich wäre ein bisschen unterbelichtet.

Einmal fand ich im Badezimmer neue Handtücher mit dem Logo des Kempinski Hotels.

Offensichtlich hatte der Herr Doktor bei einem Zahnärzte-kongress ein paar mitgehen lassen. Das wollte ich nun doch genauer wissen:

> Ich: Ach, wo haben Sie die denn her?
> Er: Die habe ich aus dem Kempinski.
> Ich: Aha ...
> Er: Kennen Sie Kempinski? Das ist eine internationale Hotel-kette. Fünf Sterne plus.
> Ich: Haben Sie mich gerade gefragt, ob ich Kempinski kenne?
> Er: Ja, K-e-m-p-i-n-s-k-i. Das ist so wie ... Na ja, die werden Sie auch nicht kennen ... Hyatt? Marriott? Steigenber-ger?

Hallo? Bin ich in der Kohlegrube aufgewachsen? Ist Polen auf dem Mond?

Fahre ich vielleicht jeden Tag am Kempinksi in Frankfurt vorbei? Ja, ich kenne Kempinski. Die Hotelkette wurde von einem Polen gegründet. Deshalb auch der polnische Name. Schon mal aufgefallen?

Und warum sollte ich Hyatt, Marriott und Co. nicht kennen? Doch vor allem: Hab *ich* die Handtücher geklaut oder der Herr Doktor?

Er wurde mir damals von einem anderen Kunden empfohlen. Der meinte nur: »Ich hab da eine Putzstelle für Dich. Aber der Herr dort ist ziemlich pingelig.«

Macht ja nichts, dachte ich, das bin ich auch. Kann ja passen. Also stellte ich mich vor.

Beim ersten Treffen fragte mich der Herr Doktor, ob ich SMS schreiben könne.

Ich weiß bis heute nicht, ob er eher dachte, ich könnte nicht schreiben, oder vielleicht annahm, ich hätte noch nie ein Handy gesehen.

Wahrscheinlich war ihm beides nicht so klar.

Nachdem ich diese Frage mit Ja beantworten konnte, nannte er mir einen Schlüsselcode für die Haustür.

Offenbar brauchte man seiner Meinung nach die Kompetenz zum SMS-Schreiben, um die Schließanlage zu bedienen.

Klar, wenn man noch nie eine SMS geschrieben hat, kriegt man das nicht hin. Es sind immerhin sechs Zahlen einzutippen. Mit einem Finger. Da stellt man schon besser eine gelernte SMS-Tipperin ein. Damit die Tür auch aufgeht.

Denn was nutzt eine Putzfrau, die deshalb nicht in die Wohnung kommt, weil sie noch nie eine SMS getippt hat?

Cleveres Bürschchen, der Herr Doktor.

Er ist übrigens auch der beste Zahnarzt Deutschlands. Findet meine Schwester.

Weil er mir großherzig angeboten hatte, dass wir jederzeit zur Behandlung kommen könnten, ging meine Schwester einmal hin, als sie starke Zahnschmerzen hatte.

Nachdem sie zwei Stunden gewartet hatte, rief Herr Doktor sie herein.

> Er: Frau Po... Podols... Sie, kommen Sie rein.
> Sie: Hallo, Herr Doktor, wie geht's?
> Er: Bin ich der Patient oder Sie?
> Sie: Entschuldigung.
> Er: Was gibt's?
> Sie: Ich habe am Backenzahn unten links starke Zahnschmerzen. Ich glaube, es ist die Füllung.

Er: Sie müssen besser putzen.

Sie: ...???

Er: Meine Sprechstundenhilfe gibt Ihnen ein paar Schmerz-
tabletten und eine Zahnbürste. Einen schönen Tag noch.

Da stand er schon an der Tür und streckte meiner Schwester die Hand zur Verabschiedung hin.

Es geht doch nichts über eine eingehende Untersuchung und eine genaue Diagnose.

Seitdem putzt meine Schwester unglaublich oft ihre Zähne mit der Gratisbürste vom Doc. Und es tut ihr richtig gut. Die Zahnschmerzen sind wie weggeblasen.

Ob das allerdings am magischen Putzgerät liegt oder an den neuen Füllungen, die ihr ein anderer Zahnarzt dann einge-setzt hat, lässt sich nicht eindeutig entscheiden ...

Pingeliger als bei der Diagnose ist der Herr Doktor aber zu Hause.

Seine Schließanlage ist ein wahres Wunderwerk: Sie lässt sich auch als Stechuhr verwenden. Es wird nämlich genau doku-mentiert, um welche Uhrzeit ich auf- und abschließe.

Ich muss sie benutzen, damit er genau kontrollieren kann, wann ich komme und wann ich gehe.

Damit ich ihn nicht betrüge.

So hat man schon für ein paar Euro genaue Kontrolle über die Putzfrau.

Und damit das auch was bringt, hat er mir am ersten Arbeits-tag genau erklärt, wie er nach jedem meiner Arbeitseinsätze die Zeiten abliest und mit denen vergleicht, die ich aufge-schrieben habe.

»Damit Sie nicht auf dumme Gedanken kommen. Höhöhöh!«

Auch »höhöhöh«, Herr Doktor.

Während eines Putzeinsatzes beim Herrn Doktor ließ ich in einem unbedachten Moment ein Glas fallen. Es war kein wertvolles Glas. Nur ein altes Senfglas, das im Doktorenhaushalt als Trinkglas wiederverwendet wurde.
Als es auf dem Küchenboden zerscheppperte, sammelte ich die Scherben auf, wischte den Boden, saugte und warf die Überreste in den Müll.
Ich schreibe bei solchen Missgeschicken normalerweise immer einen Zettel oder berichte gleich davon, aber in diesem Fall hatte ich es am Ende der Arbeit schlichtweg vergessen.
Denn ich muss gestehen, ich hatte dem zerborstenen Senfglas keine Bedeutung zugemessen. Ein grober Fehler …

Beim nächsten Mal stellte mich der Herr Doktor zur Rede:

Er: Justyna, warum haben Sie beim letzten Mal ein Glas in die Mülltonne geworfen?
Ich: Weil es dreckig war. Hahaha.
Er: Wie bitte?
Ich: Das war ein Witz. Es ist mir leider runtergefallen. Entschuldigung.
Er: Justyna! Wenn Ihnen etwas kaputtgeht, ist das kein Problem. Ich werde es Ihnen diesmal nicht vom Lohn abziehen. Aber sagen Sie es mir in Zukunft bitte sofort, damit ich ein neues Glas kaufen kann.

Kaufen? Vom Lohn abziehen?
Das war ein leeres Senfglas!

Aber kein Problem.

Beim nächsten Mal rufe ich sofort in der Praxis an. Oder ich lege die Scherben am besten auf die Arbeitsplatte auf ein weißes Blatt. Damit man sie sofort sieht und keine Zeit verschwendet, Ersatz zu besorgen.

Immerhin sind gute Gläser extrem knapp, und manchmal dauert es Wochen, bis man eines bekommt.

Aber wer Geschmack hat …

Apropos Geschmack. Der ist bei Herrn Doktor auch sonst ganz exquisit. Auf der Gästetoilette liegt ein Teppich aus Plastikgras, wie man ihn sonst nur auf Balkonen kennt.

Über dem Waschtisch prangt ein Spiegel mit einem kleinen eingebauten Glasregal, auf dem kleine Glasvasen mit Hirtenmalerei stehen, wie man sie in Tunesien oder in der Türkei in Touristenfallen kaufen kann.

Über dem Toilettenpapier liegt ein gehäkeltes Deckchen. Ein Tirolerhut ist zur Zierde auf dem Handtuchschränkchen plaziert.

In jedem Zimmer liegen zwei, manchmal drei alte Perserteppiche.

Der Mann ist 36 …

Zeit ist Geld

Auch, wenn er ein wenig pedantisch war, konnte der Herr Doktor doch sehr nett sein. An Weihnachten fand ich einen kleinen Plastikweihnachtsbaum mit meinem Namen. Daran hatte er viele kleine Geldscheine mit Geschenkband befestigt, so dass dieser über und über damit bedeckt war. Ich fand das rührend.

Zwar dachte ich erst, das sei mein Weihnachtsgeschenk und fand beim Zählen heraus, dass es »nur« mein Lohn war, der mir aber immerhin mit Achtsamkeit präsentiert wurde.

Wie bei einigen anderen Kunden auch, ist das Geld für Herrn Doktor ein heikles Thema.

Letzten Sommer flog ich mit meinem Mann nach Ägypten in den Urlaub. Zwei Wochen Hurghada. Meine Mutter war als Vertretung eingesetzt und vom Herrn Doktor abgesegnet worden. Wir machen es immer so, dass ich meiner Mutter das Geld gebe, das sie erarbeitet hat und ich es später von meinen Kunden bekomme, wenn ich die Abrechnung mache.

Nun unterlief mir beim Herrn Doktor ein Fehler:

In der ersten Woche sollte meine Mutter nicht wie üblich um 08:00 Uhr morgens, sondern erst um 10:00 Uhr kommen. In dem ganzen Vorurlaubsstress vergaß ich, ihr das zu sagen. Und so tanzte sie montagmorgens wie gewohnt um 08:00 Uhr an.

Etwas verschlafen und zerknittert öffnete der Hausherr, ließ sie aber herein. Sie putzte vier Stunden und verließ um die Mittagszeit wieder die Wohnung.

Danach schickte er mir eine SMS in den Urlaub, in der er mich informierte, dass er meine Mutter in der nächsten Woche nicht benötigte.
Ich stelle jedoch mein Handy im Urlaub immer aus und nahm deshalb keine Notiz von der SMS. Ich leitete sie folglich auch nicht weiter.

Also ging meine Mutter wieder hin.
Und putzte wieder vier Stunden. Es war niemand zu Hause.

Als ich wieder da war, beschwerte der Herr Doktor sich bei mir. Meine Mutter sei »gekommen, obwohl sie nicht sollte«. Ich erklärte ihm, wo die Sache schiefgelaufen war. Ich hatte seine SMS erst Tage nach dem zweiten Putzeinsatz meiner Mutter gelesen. Am Flughafen in Deutschland.

Damit war die Sache für mich erledigt.

Zwei Wochen später legte ich ihm meine Stundenliste zur Überprüfung auf den Küchentisch. Als ich eine Woche später wiederkam, waren vier Stunden ausgestrichen und eine »2« dahintergemalt.
In der Woche, in der meine Mutter zum zweiten Mal geputzt hatte.
Erst dachte ich: Okay, sie war ja auch nicht bestellt.
Aber je länger ich darüber nachdachte, desto mehr ärgerte ich mich.
Ich fand das nicht fair.
Schließlich hatte meine Mutter ja auch dafür gearbeitet.

Ich überlegte den ganzen Tag, ob ich etwas sagen sollte oder nicht. Schließlich schrieb ich ihm abends eine SMS:

Hallo. Ich bin mit der Abrechnung nicht einverstanden.
Bitte um das abgearbeitete Geld in der nächsten Woche.

Seine Antwort:

Ich habe Ihnen gesagt, dass ich Ihre Mutter nicht bestellt
hatte und am Sonntag selbst geputzt habe. Es war kaum
Bügelwäsche da, und ich weiß nicht, was Ihre Mutter
4 Stunden lang hier gemacht hat. Da sind 2 Stunden, die
ich Ihrer Mutter bezahle, mehr als fair. Und warum haben
Sie heute nicht gebügelt? Grüße!

Jetzt war ich sauer.
Ich hatte deshalb nicht gebügelt, weil ich die Fenster geputzt,
Böden gewischt, Küche und Bad gemacht hatte. Die hatte
der Herr Doktor nämlich geflissentlich übersehen bei seinem
Selbstputzversuch.
Außerdem war Bügeln beim Herrn Doktor gar nicht ausgemacht. Ich tat es aus Entgegenkommen von mir aus immer mal
wieder. Abgesehen davon stand meiner Mutter doch der Lohn
zu, den sie verdient hatte. Also antwortete ich mit einer Frage:

Ich: Wenn Sie meine Mutter nicht bestellt haben, warum war
    die Tür dann freigeschaltet?
Er: Freigeschaltet ist die Tür für Sie immer. Das hat damit zu
    tun, dass ich Ihnen vertraue. Absprachen müssen einge-
    halten werden.
Ich: Bügelwäsche war auch nicht abgesprochen. Vereinbart
    war »ab und zu«. Und auf einmal jede Woche? Da hab
    ich auch nicht auf Absprache bestanden!
Er: Wenn Sie das Bügeln nicht schaffen oder keine Zeit ha-
    ben, sagen Sie mir bitte Bescheid!

Na ja, und dann ging es irgendwann nur noch ums Prinzip. Nicht mehr besonders erwachsen vielleicht, aber genug ist genug …

> Darum geht es nicht. Aber jetzt ist jede Woche was da!
> Aber letzte Woche war kaum was da!
> Ausnahmsweise!

Jetzt wurde der Herr Doktor bissig:

> Hören Sie zu, ich bin grade mit Franz nach Hause gekommen und habe keine Lust, mich per SMS zu streiten. UND: Umsonst gebügelt haben Sie ja nicht, oder?!

Ich war mittlerweile so in Rage, dass ich das so nicht stehen lassen konnte, obwohl ich ehrlich gesagt auch ein wenig Angst hatte vor dem Herrn Doktor. Immerhin war sein Ärger deutlich spürbar. Aber meiner auch, deshalb beendete ich den SMS-Verkehr mit:

> Ja, stimmt, umsonst war das nicht, aber dafür haben Sie es dann meiner Vertretung abgezogen!

Die Woche darauf ging ich wieder hin.
Nachdem ich fertig geputzt hatte, legte ich 20 Euro auf den Küchentisch.
Exakt das Geld, das mir der Herr Doktor »der Höflichkeit halber« für die vier Stunden meiner Mutter gezahlt hatte.

Ich tat das aus Stolz. Und hätte eigentlich erwartet, dass es ihn beschämt.
Aber was soll ich sagen: Als ich das nächste Mal wiederkam,

hatte er die 20 Euro auch noch genommen und seither nie mehr wieder ein Wort darüber verloren.

Jetzt hatte ich meine Mutter komplett selbst bezahlt.

Wahrscheinlich hat der Doc seinen Freunden hinterher erzählt: »Meine Putzfrau ist zwar 'ne Zicke, aber immerhin korrekt.«
Ich hätte platzen können!

Danach mied er mich fünf Wochen lang. Nie war er in dieser Zeit zu Hause, wenn ich kam.
In der SMS-Korrespondenz ließen wir beide das sonst übliche »Liebe Grüße« demonstrativ weg.

Dann, ich putzte gerade das Bad, ging auf einmal die Wohnungstür auf.
»Oje, der Doktor kommt!«, dachte ich und hielt den Atem an.
Da rief es zuckersüß von der Eingangstür:
»Hallohooo!«
Ich rief »Hallo« zurück und putzte weiter.
Ein paar Minuten später betrat er das Bad. Ich schrubbte mittlerweile die Toilette. Er baute sich hinter mir auf und sprach mich mit tiefer und ernster Stimme an:
»Justyna …«
Das Herz rutschte mir in die Hose. »Jetzt«, dachte ich, »schmeißt er mich raus.« Ich hielt den Atem an.

»… Können Sie ab nächster Woche bei meinen Eltern putzen?«
»Was?!« Ich war völlig perplex.

»Meine Eltern brauchen eine Putzhilfe. Haben Sie noch Zeit?«

Darauf war ich nun so gar nicht vorbereitet gewesen. Ich hatte mir im Gegenteil schon zurechtgelegt, was ich ihm an den Kopf werfen würde, wenn er mir kündigte.
Dass er ein unsensibler Penner sei, eigensüchtig und gemein. Und dass er sich sein Geld sonst wohin schieben könnte. Und außerdem hätte ich es nicht nötig, mich so abzocken zu lassen.
Zwanghafter Korinthenkacker!

Aber das passte ja nun nicht mehr so gut …

Also stammelte ich einfach: »Ja, klar. Gerne.« Und war froh, dass er das Zittern in meiner Stimme nicht bemerkt hatte.

Später kam er in die Küche, wo ich gerade Franz streichelte.
»Na, ihr beiden, kuschelt ihr?«
Das war Herrn Doktors Art zu sagen, dass alles wieder gut war zwischen uns.
Wir waren wieder »Freunde«.

Ein komischer Kauz. Ich frage mich, wie seine Patienten mit ihm zurechtkommen.

Ob ich mal meine Schwester fragen soll?

Rentner ohne Zeit

Ein süßes Rentnerehepaar rief mich an, weil sie eine Putzfrau suchten.

Beide um die 70.

Sie lebten in einem Riesenhaus. Ein Bungalow von gut und gerne 400 m². Der Mann war ein bekannter Anwalt gewesen und hatte eine eigene Kanzlei gehabt. Bei meinem ersten Besuch zeigte mir seine Frau, was zu tun war.

Ich sollte jeden Mittwoch die Teppiche saugen, Küche und Bäder putzen, Betten neu beziehen, den Boden putzen und Staub wischen. Sechs Stunden. Zehn Euro pro Stunde.

Ich mochte die alte Dame sehr gerne, und ich wurde behandelt wie ein Teil der Familie. Jedes Mal, wenn ich am Mittag kam, saßen die beiden wie ein verliebtes Pärchen zusammen auf dem Biedermeier-Sofa. Nie gab es ein gekochtes Mittagessen, sondern immer Kaffee und Kuchen.

»Mittags immer nur eine Kleinigkeit, Jusytna, wissen Sie. Wir bewegen uns ja nicht mehr so viel.«

Zu Weihnachten und Ostern bekam ich ein kleines Geschenkpaket und etwas Geld, zur Hochzeit dasselbe. Wenn ich abends mit der Arbeit fertig war, fragte mich die Dame des Hauses immer ganz besorgt:

Sie: Frau Justyna, kann ich Ihnen nicht ein paar Brote einpacken?

Ich: Nein danke. Das ist sehr nett, aber ich bin gar nicht
hungrig.
Sie: Aber Sie haben so einen langen Heimweg. Ein kleines
belegtes Brot?!
Ich: Wirklich nicht, danke. Aber beim nächsten Mal esse ich
wieder ein Stück Kuchen mit Ihnen.
Sie: Das tun Sie! Da freuen wir uns drauf.

Abgesehen davon, dass ich sie am liebsten einpacken und auf-
essen wollte, weil sie so süß waren, erschienen mir beide als
aufmerksame und kultivierte Menschen.
Meine Schwester durfte auch kommen und mich bei Sonder-
aufgaben wie Fensterputzen unterstützen.
Es machte mir Spaß, bei ihnen zu arbeiten.

Bis eines Tages etwas geschah, das alles veränderte.

Beide haben im Oktober Geburtstag. In diesem Jahr wurden
sie 70. Weil er seinen Geburtstag nicht an die große Glocke
hängen wollte, hatten die beiden beschlossen, nur den der
Frau zu feiern.
Und so fragte sie mich, ob ich ihnen bei der Feier in ihrem
Haus helfen könne. Ich sollte Gläser und Geschirr spülen und
ein wenig beim Auf- und Abdecken helfen.
Ich sagte gerne zu.
Um 12 Uhr mittags begann das Fest. Eine kleine Gesellschaft
von drei weiteren Paaren und vier verwitweten Damen saß
um den Wohnzimmertisch und ließ sich Kaviar-Schnittchen
und Champagner schmecken.
Die Stimmung war gelöst, und man lachte viel.
Ich half in der Küche und putzte zwischendurch, wenn ich
nicht gebraucht wurde.

Nach zwei Stunden löste sich die Gruppe langsam auf, und eine halbe Stunde später waren alle Gäste gegangen.

Das kam mir gelegen, denn jetzt konnte ich noch schnell aufräumen und die Wohnung putzen.

Gegen 17 Uhr rief mich die alte Dame zum Kaffee. Ich hatte ihr einen Kuchen zum Geburtstag gebacken. Der stand nun mit frischem, dampfendem Kaffee auf dem festlich gedeckten Geburtstagstisch. Die beiden erwarteten mich schon freudig lächelnd wie immer nebeneinander auf dem Biedermeier-Sofa.

Ich weiß noch, wie ich dachte: »Mein Gott, sie sieht so gut aus für ihr Alter.« Wenn ich nicht einmal zufällig beim Aufräumen ihr Geburtsdatum in ihren Unterlagen gesehen hätte, hätte ich sie glatt für 60 gehalten. Natürlich hatte sie etwas machen lassen.

Das tun ja mittlerweile alle.

Jedenfalls in diesen Kreisen.

Ich putze bei einigen reichen Rentnern. Da haben alle Frauen über 60 dieselben kleinen Stupsnasen und die etwas erschrockenen Augen, die entstehen, wenn man die Schlupflider liften lässt. Manche lassen sich den Hals straffen, den Busen anheben oder die Hände verjüngen.

Und Hyaluronsäure zum Aufspritzen der Lippen oder der Labialfalten zwischen Nase und Mund.

Und Botox natürlich.

In die Stirn und um die Augen.

Ich finde da nichts dabei. Wenn es gut gemacht ist, sieht es ziemlich gut aus.

Ganz natürlich.

Einfach frischer und jünger.

Ist doch toll.

Also sagte ich: »Sie sehen richtig jung aus!«

Und bemerkte, wie sie ein wenig pikiert die Augenbrauen hochzog und verschnupft antwortete: »Danke.«

Aber ich dachte mir nichts dabei.

Wir tranken Kaffee, aßen Kuchen und unterhielten uns über dies und das.

Plötzlich machte ihr Ehemann völlig aus dem Blauen heraus den Kommentar: *»Na, wie ist es, 58 zu sein?«*

Ich lachte und wartete darauf, dass die beiden einstimmten, um diesen charmanten Witz zu belohnen.

Aber das passierte nicht.

Keiner lachte.

Außer mir ...

Ich verstummte.

Die meinten das ernst!

Es entstand eine vorwurfsvolle Stille.

Mir war das so peinlich. Ich wollte ja niemanden vor den Kopf stoßen.

Aber ernsthaft zu denken, ich oder irgendjemand anderes hätte die rüstige alte Dame für 58 gehalten? Das wäre mir im Traum nicht eingefallen.

Es war doch auch so unnötig, auf ein jüngeres Alter zu zielen.

Ich fand die Dame immer unglaublich attraktiv – weil sie so

edel aussah und ein strahlendes Wesen hatte. Schönheit ist das eine, Attraktivität etwas völlig anderes. Ich habe viele Menschen gesehen, die schön waren – und mich langweilten. Ich finde, die attraktivsten Menschen sind die, die aufrecht, offen und stark durchs Leben gehen.

Alters-, Falten- oder Fettlosigkeit haben damit nichts zu tun.

Aber die Dame sah das offenbar anders.

Nach einigen Sekunden, die nicht vergehen wollten, änderte ihr Mann abrupt das Thema: *»Heute Abend kommt unser Sohn zu Besuch. Darauf freuen wir uns sehr.«*

Die Stimmung hellte sich ein wenig auf, blieb aber deutlich kühl.

Eine Viertelstunde später schaute ich auf die Uhr, sagte, ich müsse jetzt leider gehen, und machte mich aus dem Staub.

Danach waren die beiden drei Wochen in Frankreich im Urlaub. Sie haben eine Wohnung in Cannes.

Während dieser Zeit bekam ich eine Anfrage zum Putzen und Babysitten. Zehn Stunden pro Woche. Ebenfalls mittwochs.

Nun sind solche Zehn-Stunden-Jobs natürlich wirklich super. Und selten. Ich wollte unbedingt zusagen.

Kein Problem, dachte ich, dann kann ich zum Anwaltsehepaar ja montags gehen. Ob ich nun montags oder mittwochs putze; sie haben ja keine beruflichen Verpflichtungen mehr, und die Kinder sind auch aus dem Haus.

Aber ich hatte nicht mit dem verletzten Stolz der Anwaltsgattin gerechnet ... Ich spürte ihn, als sie mich anrief:

Sie: Hallo Frau Justyna, wir sind wieder zurück!

Ich: Hallo! Wie schön. War der Urlaub erholsam?

Sie: Oh ja, sehr. Das Wetter war ganz vorzüglich.

Ich: Das freut mich.

Sie. Wann kommen Sie denn diese Woche?

Ich: Ach ja, ich habe letzte Woche ein Angebot bekommen für zehn Stunden. Das geht leider nur am Mittwoch. Deshalb müsste ich zu Ihnen jetzt am Montag kommen.

Sie: WAS? WARUM SAGEN SIE MIR SO WAS NICHT?

Ich: Aber Sie waren doch in Frankreich.

Sie: ABER WIR SIND GESTERN SCHON WIEDERGEKOMMEN!

Ich: Wenn es montags nicht geht, kann ich Ihnen helfen, eine andere Putzfrau zu finden. Und bis dahin könnte ich an jedem anderen Tag außer Mittwoch kommen. Ich würde die anderen Putzstellen verschieben.

Sie: Ich glaube Ihnen nicht, dass Sie da ganztags hingehen. Und übrigens, wegen der Fenster: Meine vorige Putzfrau war 70 und die hat das alleine geschafft. Sie haben immer Ihre Schwester mitgebracht. Wir sind kein Wohlfahrtsbetrieb für Ihre Familie!

Hatte ich richtig gehört? Was war denn in die freundliche alte Dame gefahren? Ich kenne ja den Vorwurf, wir Polen würden immer unsere ganze Familie einschleusen wollen. Aber das war so an den Haaren herbeigezogen, dass ich wirklich irritiert war.

Oder ist Verfolgungswahn eine Nebenwirkung von Botox?

Ich: Wissen Sie, ich denke, wenn Sie das so sehen, sollten wir es sein lassen.

Sie: Das denke ich auch.

Ich: Das tut mir sehr leid. Sagen Sie Ihrem Mann bitte schöne Grüße.

Daraufhin knallte sie den Hörer auf.

Es tat mir wirklich leid. Trotzdem wollte ich diesen hane-
büchenen Unsinn nicht auf mir sitzenlassen. Es war offensichtlich, dass ihr meine Reaktion auf den Geburtstagsspruch
Ihres Mannes wie ein Stachel im Fleisch saß.
Das war der eigentliche Grund für den Zickenzorn. Und das
in diesem Alter …

Dennoch wurde mir, wie so oft, erst im Nachhinein klar, dass
mir die beiden wohl nie richtig vertraut hatten.
Sie waren immer im Haus, wenn ich putzte. Wenn sie über-
raschend wegmussten, musste ich einpacken und das Haus
verlassen.
Schade, dass sie mir nicht vertrauten.

Aber sie haben jedes Recht dazu.
Es war ja ihr Haus.
Trotzdem hätte ich mich gefreut, wenn die Sache anders ge-
laufen wäre.

Denn eigentlich fand ich die beiden älteren Herrschaften sehr
nett.

Gute Kinderstube

Was wir als Kinder lernen, prägt uns am meisten.
Als ich noch ein Kind war, legten meine Eltern großen Wert darauf, dass ich gewisse Umgangsformen verinner-
lichte.
Der Respekt älteren Menschen gegenüber gehörte ebenso
dazu wie die Toleranz anders Denkenden gegenüber oder das
Teilen mit anderen.

Bekam ich zum Beispiel Schokolade geschenkt, war es völlig undenkbar, dass ich die alleine aß, wenn andere Kinder da
waren.
Dann wurde entweder geteilt, oder ich musste warten, bis die
Kinder weg waren, und die Schokolade dann essen.
Auf keinen Fall war es erlaubt, anderen eine lange Nase zu
machen und ihnen etwas vorzuessen. Das war völlig klar.
Wenn ich etwas habe, biete ich anderen davon an. Ich finde
das völlig normal.

Entsprechend unangenehm berührt bin ich auch heute noch,
wenn ich in Haushalten, die ich teilweise seit Jahren beputze,
nie etwas angeboten bekomme.
Und das ist leider die Regel.
Ganz so, als wäre ich ein Mensch zweiter Klasse oder gar
nicht da.
In nur zwei Haushalten werde ich gefragt, ob ich etwas essen
oder trinken möchte.

Verstehen Sie mich bitte nicht falsch.

Es geht mir überhaupt nicht darum, dass ich ernährt werden will.
Ich kann mir von meinem Geld genug zu essen und zu trinken kaufen.
Es geht mir um die zugrundeliegende Haltung. Um den Mangel an Wahrnehmung. Als Mensch. Als Person auf Augenhöhe.

Das Glas Wasser ist doch nur ein Symbol.
Für Wertschätzung und Anerkennung.

Ich stehe mit dieser Erfahrung nicht alleine.
Vorige Woche kam der Päckchenmann schnaufend die Treppe zu unserer Wohnung hoch. Ich bot ihm etwas zu trinken an. Und er freute sich, war aber auch völlig überrascht.
»Das passiert mir sonst eigentlich nie«, erklärte er dankbar lächelnd, als er mir das leere Glas zurückgab.
Ja, mir auch nicht.

Manchmal frage ich mich, ob ich zu viel erwarte.
Wollen die Leute einfach nichts mit mir zu tun haben? Soll ich putzen, keinen Ton sagen und am besten unsichtbar sein?
Aber wieso?
Ich bin doch froh, wenn jemand etwas für mich tut. Auch wenn ich dafür bezahlen muss. Beim Friseur oder beim Arzt zum Beispiel sage ich danke, wenn ich gehe. Obwohl ich gerade 40 Euro bezahlt habe.
Aber danke sagen auch nur wenige.

Ich denke, es ist einfach Unachtsamkeit.
Auf keinen Fall sind die Leute böswillig.
Aber es wäre schön, wenn sich das Bild der Putzfrau ein biss-

chen mehr auf Augenhöhe bewegen würde. Es wäre toll, wenn ich wie ein Gast des Hauses angesehen würde. Denn so empfinde ich mich: Ich gehe als Gast in fremde Wohnungen. Werde eingeladen. Menschen vertrauen mir ihren Besitz an. Ihre Privatsphäre. Und dazu liefere ich einen Service, den ich als seriöse Dienstleisterin professionell erbringe.

Ist da das Angebot von einem Glas Wasser oder einem Stück Schokolade unpassend?

Vielleicht erzeugt der Begriff »Putzfrau« dieses Problem. Ein Wort, das ich eigentlich nur aus negativen Zusammenhängen kenne:

> »Ich bin doch nicht Deine Putzfrau.«
> »Der behandelt mich wie eine Putzfrau.«
> »Die ist Putze.«
> »Nur Putzfrau.«
> »Wenn gar nichts mehr geht, kann ich ja immer noch putzen.«

Super!

Klingt alles nicht schön. Klingt nicht wie eine, die ich höflich frage, ob ich ihr ein Glas Wasser anbieten kann. Eher wie jemand, der seinen Job machen soll und dabei bloß seinen Mund hält. Beschwerden nicht vorgesehen.

Forderungen stellen geht gar nicht.

Wasser gibt's nicht.

Auch deshalb mag ich den Begriff »Putzfrau« eigentlich nicht. Viel besser finde ich »Putzhilfe« oder »Haushaltshilfe«. Ein Kunde stellte mich einmal seinen Freunden vor, die zu Besuch waren:

»Darf ich vorstellen, das ist Frau Polanska. Sie hilft mir im Haushalt.«

Das fand ich schon sehr nett, aber dann stellte er mir auch noch umgekehrt seine Freunde vor. Und das fand ich bemerkenswert.
Da fühlte ich mich wie eine von ihnen. Wie ein Mensch.
Was ich ja auch bin.
Und dann hab ich beschwingt meinen Putzlappen genommen und mit Stolz die Klos geputzt.

Denn dazu war ich ja gekommen.

Wenn diese Sensibilität fehlt, zeigt sich das oft noch deutlicher bei den Kindern der Familie.

Erinnern Sie sich noch an die Familienmutter, die mir beim hochsommerlichen Fensterputz nichts zu trinken anbot?
In derselben Familie war ich an einem Nachmittag, um die Bügelwäsche zu machen. Es war viel zusammengekommen diesmal.
Ich stellte mein Bügelbrett ins Wohnzimmer, wo die gesamte Familie auf dem Sofa zum Kaffee saß. Nur dass es statt Kaffee Milchshakes gab und Kuchen. Wieder bekam jeder ein Glas – außer mir. Die Mutter fragte noch: »Will jemand einen Nachschlag?« Ich war damit nicht gemeint.
Ich hätte sowieso abgelehnt, denn ich mag keinen Milchshake. Es geht mir ja auch nicht ums Satttrinken.
Ich denke manchmal wirklich, ich bin im falschen Film. Es geht doch nicht um Kaviar und Champagner. Wir reden nur von Wasser, Kaffee, Milch, einem Stück Kuchen oder mal einer Banane.

Ich habe doch gar keine Zeit für ein Fünf-Gänge-Menü.
Auch wenn sich das komisch anhören mag: Für mich ist das
wirklich schlimmer als jede sexuelle Belästigung.
Es tut mir weh, so missachtet zu werden.

Sicher, es gibt auch andere Beispiele. Manche Kunden sagen
beim Vorstellungstermin schon: »*Wenn Sie Hunger haben
oder Durst, bedienen Sie sich einfach. Sie brauchen nicht zu
fragen.*« Ich frage dann natürlich doch immer und nehme
allenfalls ein Glas Wasser oder Cola, vielleicht auch einen
Apfel oder ein Stück Schokolade.

Aber oft bin ich seit Jahren bei Familien. Sie vertrauen mir,
ich habe den Schlüssel zu Haus oder Wohnung, ich bekomme
ein Weihnachtsgeschenk und passe auf die Kinder auf. Ich
schlage die Betten auf und wühle in der Schmutzwäsche.
Aber ich werde nicht gefragt, ob ich etwas trinken möchte.
Ich verstehe das nicht.
Ich kann es mir nur so erklären, dass es ihnen gar nicht in den
Sinn kommt, weil sie mich nicht wahrnehmen.

Und das tut mir im Herzen weh.

Arme Kunden

Eine weitere, erstaunlich beliebte Form der Nichtachtung meiner Arbeit ist die »Armutsfalle«.

Das läuft dann immer so, dass die Kunden schon an der Wohnungstür anfangen zu jammern, wie schlecht es ihnen geht und dass die Zeiten ja so schwierig seien.

Es sei auch gerade Weltwirtschaftskrise.

Das muss man einer Putzfrau ja noch mal sagen, denn die liest sicher keine Zeitung, und vom Markt hat sie auch keine Ahnung. Sie muss ja auch keine Kunden akquirieren und kriegt es gar nicht mit, wenn niemand mehr Geld hat.

Und alle wieder selber putzen.

Aber egal. Zurück zur Armutsfalle. Mein Lieblingsbeispiel ist Heike. Sie ist Mutter von zwei kleinen Kindern, die sie morgens im Hort abgibt, um dann zur Arbeit zu fahren. Sie ist bei Boston Consulting, einer internationalen Unternehmensberatung in Frankfurt.

Ihr Mann ist Inhaber eines kleinen Unternehmens, das Werbemittel bedruckt. Von Kugelschreibern und T-Shirts bis hin zum Lastwagen. So viel lässt sich also sagen: Geld ist nicht wirklich das Problem in dieser Familie.

Heikes Mann holt die Kinder vom Hort ab, und dann kommt die Babysitterin. Eine freundliche Studentin, die um die Ecke wohnt.

Ich putze einmal die Woche für vier Stunden.

36 Euro.

Aber die sehe ich oft monatelang nicht.

Denn Heike ist arm.

Sie hat einen »Kaufzwang«.

Den hat ihr angeblich ein Psychotherapeut bescheinigt, bei dem sie wegen »extrem schlechter Kindheit« in Behandlung ist.

Diesen Text hat sie mir aus dem Internet ausgedruckt, damit ich ihr glaube:

Als Kaufzwang bezeichnet man einen anhaltenden oder immer wiederkehrenden und zumindest phasenweise unbeherrschbaren Drang, Dinge zu erwerben, für die man eigentlich keine Verwendung hat und die man vielfach schon (teilweise auch mehrfach) besitzt. Die so erstandenen Dinge werden überflüssig gehortet oder verschenkt. Das Interesse zielt hauptsächlich auf den reinen Prozess des Kaufens, wobei im weiteren Verlauf der Krankheit sowohl die Häufigkeit des Kaufens als auch die Kosten der Produkte steigen müssen. Wird der Zwang nicht befriedigt, drohen psychische, teilweise auch physische Entzugserscheinungen. Der Kaufzwang wird auf psychosoziale Ursachen zurückgeführt, die in den meisten Fällen in der Kindheit liegen. Die Behandlung kann in leichteren Fällen durch bestimmte Selbstbehandlungs-Maßnahmen erfolgen. Ist der Zwang stark ausgeprägt, wird dringend zu einer Psychotherapie geraten, in besonders schweren Fällen auch zu Psychopharmaka.

Leider hat Heike nicht den Typ Kaufzwang, bei dem die Patienten die Dinge verschenken, die sie kaufen.

Sie hat den anderen.

Sie hortet.

Jede Woche, bevor ich auch nur den Eimer mit Wasser füllen kann, ruft sie mich erst einmal in ihren begehbaren Kleiderschrank, der die Größe eines Fußballfeldes hat:

> »Justyna, schau mal! Das habe ich gestern gekauft. Eine TOD'S Tasche. Sündhaft teuer. Schick, gell? Nimm sie mal. Ja, die steht Dir auch richtig gut. Du, die hat 1500 Euro gekostet. Neue Kollektion.«

Oder die Woche darauf:

> »Justyna, komm mal! Fällt Dir was auf? Ja, die Hose. Gucci. Macht 'nen knackigen Hintern, gell? 400 Euro. Aber jeden Cent wert.«

Wieder eine Woche später:

> »Überraschung, Justyna! Schuhe, Justyna! Tadaaaaah! Sind die nicht geil? Und was sagt uns die rote Sohle? Hihihiii. Das sind meine vierten Louboutins. 350 Pfund. Ich war shoppen in London. So werden Businesstrips zum Vergnügen!«

Und so weiter …
Wie eine Kranke wirkt sie bei diesen Vorführungen nicht. Wohl aber am Zahltag ihrer Putzfrau.

Ich lege ihr immer alle paar Monate eine Sammelrechnung auf den Küchentisch. Darauf stehen die genauen Stunden und die Tage, an denen ich geputzt habe. Zusätzlich meine Ausgaben für Wasch- und Putzmittel, die ich in ihrem Auftrag selbst besorge. Unten mache ich einen Strich und zähle alles zusammen.

Da steht nie mehr, als eine halbe Gucci-Hose kostet.

Die Choreographie ist immer dieselbe: Sie spricht die Rechnung in der folgenden Woche gar nicht an.

Also frage ich:

> Ich: Heike, hast Du meine Abrechnung gesehen?
> Sie: Was? Ach, ja …
> Ich: Kannst Du mir das Geld heute geben?
> Sie: Ojeojeeee. Weißt Du, das ist heute ganz schlecht.
> Ich: Wieso?
> Sie: Ganz blöd, echt. Patrick hat diesen Monat ganz schlecht Geld gemacht. Es brechen ihm gerade so viele Kunden weg. Wegen der Wirtschaftskrise, weißt Du? Hast Du gehört, ne?
> Dann war noch der Geburtstag einer guten Freundin und ich musste Geschenke kaufen. Das Geld kriege ich zwar von meinen Freundinnen zurück. Aber ich musste vorlegen.
> Und dann habe ich mir gerade noch einen Hermes-Schal gekauft. Ich konnte nicht nein sagen. Ganz neue Farbe. Du weißt ja, ich habe ein Kaufproblem. So psychisch. Ich hab Dir doch mal diesen Internetartikel ausgedruckt. Ne?
> Jetzt ist mein Konto total überzogen.
> Aber macht nichts.
> Ich kann Dich nächste oder übernächste Woche bezahlen. Dann hab Ich das Geld vom Geschenk zurück. Das ist doch kein Problem, gell? Du, ich muss jetzt auch mal los. Einkaufen. Ciao.

Mein Psychologe, bei dem ich putze, meinte dazu nur:

»Super Trick! Wenn Du mir die nächste Rechnung stellst, lasse ich mir auch eine Krankheit einfallen. Wie wär's mit Zahlungsphobie? Oder Kontenanorexia?«

Ich frage mich nur immer, was Heike ihren Freundinnen schenkt, dass ihr Konto so überzogen ist …

Mir jedenfalls schenkt sie nichts. Als ich wegen der Abrechnung mit ihr am Küchentisch saß, stand darauf eine große Schale mit etwa 100 Ferrero Rochers. Als ich fragte: *»Darf ich mir eines nehmen?«* war ihre Antwort: »Nein, die sind für meinen Kleinen.«

Armut muss weh tun.

Kammer, Küche, Klos und Co.

Wenn ich mich nicht mit Geldeintreiben beschäftigen muss, komme ich auch ab und zu mal zu meiner eigentlichen Aufgabe, dem Putzen.

Natürlich muss ich dabei Schubladen öffnen, meine Hand bis zum Ellbogen in die Toilette stecken, hinter Schränke schauen, in die Ecken greifen und unter Betten kriechen.
Ich bin Putzfrau.
Und das ist sehr spannend …

In deutschen Schubladen findet man so ziemlich alles. Von Essensresten bis zum Sexspielzeug. In Wohnzimmerschubladen liegen meistens Mischungen aus Schrauben, Nägeln, Hammer und Zangen, Dreifachsteckdosen, zusammengeknülltem Papier, Fernbedienungen, Bücher oder Weihnachtsdekoration.

Pornofilme sind immer »gut« versteckt und in der Nähe des Ortes des Geschehens. Also meistens unter dem Bett, im Kleiderschrank oder in der Nachttischschublade. Neben Gleitcreme, Spanischer Fliege und Kondomen. Oft auch benutztes Geschirr. Und Küchentücher.
Auch hier gibt es viel abzuwischen.

Unter dem Bett findet man bei manchen Leuten mehr als im Schrank. Hier ist meine persönliche Top-Ten-Liste von Dingen, die ich unter deutschen Betten gefunden habe:

Platz 10
Zwei Milchpackungen.
Die eine leer, die andere halbvoll und vergoren.

Platz 9
Ein Viertel verschimmelte Pizza.

Platz 8
Ein halbes Hähnchen.

Platz 7
Benutzte Tampons mit Zeichen der Verrottung.

Platz 6
Ein Kondom – benutzt.

Platz 5
Ein Häufchen Hundekotze.

Platz 4
Ein ganzer abgefallener Nagel des großen Zehs.

Platz 3
Zwei frisch entfernte Weisheitszähne. Vom Vortag.

Platz 2
Eine lebende Natter. Die war entkommen ...

Platz 1
Die mumifizierten Überreste eines schon seit Wochen
vermissten Hamsters.

Ansonsten finde ich unter dem Bett das Übliche: alte Socken, benutzte Unterhosen, verklebte Gläser, halbvolle Flaschen, verschmierte Teller, Pizzaschachteln, belegte Brötchen, Kondomverpackungen, DVDs, Magazine, Bücher und Zeitschriften.

Manchmal schaue ich lieber unters Bett als hinein.
Wie bei den Schimmelpfennigs.
Er ist Architekt, sie unterrichtet Deutsch und Französisch am Gymnasium.
Er fährt einen metallic-schwarzen CLK, sie einen cremefarbenen Mini mit schwarzen Ledersitzen. Beide tragen nur Markenklamotten von Armani bis Zegna. Meistens schwarz.

Aber ihr Haushalt ist die schlimmste Müllhalde.
Wenn ich ins Schlafzimmer gehe, muss ich immer die Luft anhalten und erst einmal die Fenster weit aufreißen. So stinkt der Raum.
Die Bettwäsche ist voller Sperma- und Blutflecken. Kondome liegen benutzt herum.
Ich bin nur einmal im Monat da.
Und die Einzige, die die Bettwäsche je wechselt.

Hinter dem Schlafzimmervorhang haben sie ihre Vorratskammer eingerichtet. Da stehen in Regalen: Thunfischdosen, Tomatenkonserven, Essiggurken, Krautsalat, Zwiebeln, ganze Reissäcke.
Salamiwürste lassen sie dort lufttrocknen.

Am liebsten würde ich nie die Vorhänge zur Seite ziehen, aber leider haben sie auch das Putzzeug hinter den Schlafzimmervorhang verbannt.

So bleibt mir neben dem unvermeidbaren Gestank noch nicht einmal der Anblick der Vorrats- und Rumpelkammer erspart, die sie »Schlafzimmer« nennen.

Ich fasse das Bett nur mit Gummihandschuhen an. Seit drei Jahren gibt es gerade mal zwei Sets Bettwäsche, die ich immer abwechseln muss.
Aber natürlich Markenwäsche.
Schlafanzüge besitzt jeder nur einen. Die soll ich nicht waschen, weil sie das angeblich gerne selbst machen.
Von wegen.
Wenn auch nur einer von denen jemals gewaschen wurde, soll mir auf der Stelle ein Putzeimer aus der Bluse fallen.

In der Küche findet man den Speisezettel der vergangenen Woche im Waschbecken, auf dem Boden und der Arbeitsplatte.

Wie kann man nur so versifft leben?

Dabei ist die Frau unglaublich nett. Sie behandelt mich wie ein Mensch. Wir erzählen uns private Geschichten und lachen viel miteinander.
Offenbar erkennt sie den Sinn von Körperpflege, denn an Weihnachten schenkt sie mir immer einen Gutschein für Douglas. Sie selbst ist auch immer sauber und gut zurechtgemacht. Ich sehe sie selten ungeschminkt.
Was leider dazu führt, dass ihr Sofa im Wohnzimmer voller Make-up-Flecken ist …
Man kann den Überzug abziehen.
Macht nur keiner.
Waschallergie?

Mich wundert es, dass ich dort noch keine Kakerlaken gesehen habe.

Die sieht man öfter beim Putzen.

Einmal hatte ich einen Kunden eine Zeitlang nicht mehr beputzt, weil er Geldprobleme hatte und sich eine Putzfrau nicht mehr leisten konnte.

Als es ihm finanziell wieder besserging, rief er mich an, und ich kam nach Monaten wieder in seine Wohnung.

Da war ich nicht allein …

Hundertschaften von Kakerlaken waren über die Küche hergefallen. Überall wimmelte und kroch es.

Ich habe erst einmal einen Freund gerufen, der Kammerjäger ist, bevor ich mich da hineingewagt habe.

Aber so was passiert zum Glück sehr selten.

Heute leider nicht …
Wenn Deutsche absagen, ist das sehr lustig.
Sie haben immer irgendwie »Stress«.
Die typische deutsche Absage geht so:

»Du, es klappt diese Woche einfach nicht.
Ich habe so einen Stress. Ich war heute so lange arbeiten,
und das geht jetzt einfach nicht mehr. Ich habe solche
Kopfschmerzen. Du, es geht einfach nicht.«

Dann muss ich immer schmunzeln. Zu viel Stress?
Die Arbeit mach doch ich!
Aber mir ist es ja letztendlich egal. Ich bin da sehr flexibel
und reagiere auf Zuruf.

Besonders »lecker« sind die Klos der Leute.

Da frage ich mich oft, was sie sich eigentlich denken. Kaum jemand spült richtig, bevor ich komme. Da liegt dann ein großer Haufen auf dem Präsentierteller, schön umrandet von benutztem Klopapier.

Manchmal ist alles schon eingetrocknet.

Übrigens: Nicht nur Männer pinkeln daneben. Und es wird auch nicht nur daneben *gepinkelt* ...

Ich glaube, die meisten denken: »Heute kommt die Putzfrau, da muss ich nichts mehr tun.«

Aber bitte, es gibt Grenzen.

Ich habe mich zwar daran gewöhnt, aber auch eine Putzfrau freut sich nicht über Urin, Fäkalien und Schleim in der Kloschüssel, daneben oder an den Wänden.

Sie finden das schon eklig zu lesen?

Ich muss es dann auch noch wegmachen ...

Zwischenspiel

Ich: Hallo, Mr.Chaos! Bin da zum Putzen. Sehr SAUBER sieht wieder der Boden in der Küche aus! Und der Berg mit den Klamotten im Schlafzimmer ist auch toll!

Er: Alles, damit Du keine Angst bekommst in der Krise, dass Du arbeitslos werden könntest! Hab mich sehr bemüht ...

Ich: Danke! Kommt heute Dein Freund? Wenn ja, muss ich das Bett machen. Sonst nicht – lohnt sich einfach nicht ...

Er: Kannste lassen! Bin bei ihm am Wochenende.

Ich: Sicher lasse ich es! Muss ich Dich heute noch sehen?

Er: Du wirst Dir noch WÜNSCHEN, mich zu sehen. Wenn Zahltag ist!

Ich: Ja, ja, ja! Dir auch ein schönes Wochenende.

Er: Schönes Wochenende«? Biste krank?!

Ich: Das schöne Wochenende habe ich Deinem FREUND gewünscht ... hast doch gesagt, Du besuchst ihn heute ...

Er: JETZT erkenne ich Dich wieder! Also, schönes Wochenende (an Deinen MANN – HAHAHAHAHA)

Ich: Ach ja, Du musst mir noch ein paar Tipps geben, wie man so einen SAUBEREN Haushalt führt ... Ich überlege immer noch, ob Du es hier nicht auch alleine schaffst ...

Er: Das fragen mich alle. Wenn ich mal Zeit habe, gebe ich Dir gerne ein paar Tipps.

Ich: Ja, ja. Du musst mir vor allem zeigen, wie Du in der Küche die Schlammmuster auf den Boden machst ... Die sehen immer richtig toll aus! Solche Modelle habe ich noch nie gesehen ...

Aber leider gab der Akku da den Geist auf ...

Vorsicht Falle

Ein beliebter Sport unter Dienstherren ist es, der Putzfrau Fallen zu stellen, um zu überprüfen, wie vertrauenswürdig sie ist.
Sie empfinden das als ihr gutes Recht und machen auch keinen Hehl daraus, wenn man sie zur Rede stellt.

Wie folgende Geschichte zeigt:

Donnerstags ging ich zu den Gromnitzkas putzen. Erst dachte ich, es seien Polen, aber dann stellte sich heraus, dass die Familie schon seit fünf Generationen in Deutschland lebte.
Ein junges Ehepaar, beide ganztags beschäftigt. Ein Jurist und eine Grafikerin.
Einmal die Woche.
Vier Stunden. Zehn Euro.

Weil sie tagsüber bei der Arbeit waren, gaben mir die beiden beim Vorstellungsgespräch schon die Wohnungsschlüssel: Neubau. 145 m².

In den ersten Wochen fiel mir nichts Besonderes auf. Ich putzte, schrubbte, wusch, spülte, bügelte und räumte auf.
Normaler Alltag.
Dann begann ich Geldscheine zu finden.
Zehn Euro unter dem Sofa. Zwanzig Euro hinter dem Schrank.
Fünfzig Euro unter der Bettdecke.
Jedes Mal nahm ich das Geld, beschrieb einen Zettel mit »Hab ich gefunden« und plazierte alles auf den Küchentisch.

Zuerst wunderte ich mich über die sonderbaren Fundorte, dachte mir aber nichts weiter dabei. Nachdem es aber fast jede Woche vorkam, dass irgendwo Geld herumlag, beschloss ich, der Hausherrin eine besorgte Mail zu schreiben.

> Hallo! Ihr müsst mehr aufpassen! Ich finde dauernd irgendwo Geld bei Euch, das Ihr verloren habt. Was ist da los?
> PS: Oder wollt Ihr mich testen? ;-)

Ich wollte sie wirklich nur ermahnen, etwas vorsichtiger mit ihrem Geld umzugehen. Ich ahnte ja nicht, dass mein ironischer Zusatz bei der Empfängerin gar nicht als Witz ankam. Stattdessen schrieb sie zurück:

> Hast Du es gemerkt?
> Aber ich muss sagen: Kompliment für Deine Ehrlichkeit!

Ich war sprachlos. Nicht nur wurde mir unterstellt, ich würde klauen. Die fühlten sich noch nicht mal genötigt, sich zu entschuldigen. Unverfrorenheit siegt …

Die nächste Stufe der Absonderlichkeit erklomm eine ältere Dame, zu der ich einmal die Woche zum Putzen kam. Sie war unverheiratet und hatte im Laufe ihres Lebens die eine oder andere Macke entwickelt, ohne dass sie ein Partner davon hätte abhalten können.
Eine davon war ihre Obsession mit Staub.
Sie legte höchsten Wert auf das Staubwischen. Mit spitzer, hysterisch gepresster Stimme hielt sie mir jedes Mal einen Grundsatzvortrag:

»Fräulein Justyna, Sie müssen unbedingt mehr Staub wischen. Vor allem in den Ecken. Da setzt er sich besonders gerne ab. Und wenn man Staub nicht beseitigt, muss man irgendwann das ganze Möbel entfernen. Weil er alles zusetzt. Der Staub ist der Feind der Hausfrau. Es ist nötig, dass man ihn entfernt, bevor er entsteht. Verstehen Sie? BEVOR ER ENTSTEHT! Und entfernen heißt: überall und restlos. Und das bedeutet: Auch auf den Bilderrahmen! Verstehen Sie? AUF den Bilderrahmen!«

Die besonders wichtigen Passagen wiederholte sie jeweils mit kreischendem Nachdruck. Meine Ohren schmerzten.

Ich muss gestehen, ich wischte nicht nach ihren Vorstellungen Staub. Ich fuhr nicht jede Woche über jeden Bilderrahmen, jede Vase, jedes Fläschchen, jeden Spiegel und sonstigen noch so kleinen Vorsprung.
Ich wischte Staub, aber ich wollte ihn nicht vom Planeten entfernen.
Außerdem hatte ich noch anderes zu tun.
Und auch hier nur zwei Stunden Zeit.

So stand mir die Gute eines Tages hyperventilierend gegenüber, hielt mir ein Centstück entgegen und quietschte: »Sehen Sie! SEHEN SIE, WAS ICH GEFUNDEN HABE!«

Ich: Ein Centstück?
Sie: GANZ GENAU!
Ich: Und?
Sie: Das lag auf dem Bilderrahmen! Ich sage Ihnen nicht, auf welchem!
Ich: Ich verstehe nicht …

Sie: DAS IST DER BEWEIS!

Ich: ???

Sie: Das ist der Beweis, dass Sie keinen STAUB gewischt haben! Ich habe Sie ÜBERFÜHRT! Jetzt ist SCHLUSS! Sie packen jetzt Ihre Sachen und GEHEN! Ich KÜNDIGE Ihnen! Ich will KEINE Lügner in meinem Haus haben!

Ich frage mich heute noch, ob ich irgendetwas verpasst hatte. Aber ich glaube, das war es wirklich schon …

Eine andere Anekdote widerfuhr mir bei einem Ingenieur. Er war oft auf langen Dienstreisen, und ich hatte die Aufgabe, seine Wohnung auf Vordermann zu bringen, bevor er zurückkam.

Vielleicht lag es an seiner Ausbildung, einer gewissen Zwanghaftigkeit oder einem ausgeprägten Spieltrieb. Fest steht: Jedes Mal, wenn ich einen Schrank oder eine Schublade öffnete, hörte ich ein leises, aber deutliches Schnappgeräusch.

Das kam von den langen Kopfhaaren, die der findige Herr mit Tesafilm über die geschlossenen Türen geklebt hatte. Um zu überprüfen, welche ich öffnete und welche nicht.

Für wie blöd hielt der mich? Meinte er, ich würde den spürbaren Widerstand nicht bemerken? Oder das plötzliche Schnappen? Ganz zu schweigen von den offensichtlichen Tesastreifen, die die Haare links und rechts fixierten. Oft noch in Augenhöhe.

Der hatte wohl zu viele schlechte Agentenfilme gesehen. Offenbar öffnete ich aber genau die Schubladen, die ich öffnen durfte, und ließ die geschlossen, deren Inhalt er geheim halten wollte, denn nach ein paar Monaten waren die Beweisfallen verschwunden.

Ich putze heute noch bei ihm.

Das Haarproblem wurde nie erörtert.

Den Vogel allerdings schoss Frau Blank ab!

Ich sage es mal, wie es war:

Die machte bewusst neben das Klo, um zu schauen, ob ich auch gründlich wischte. Aber damit nicht genug, denn sie schmierte ihren Darminhalt auch noch unter die Brille, um zu prüfen, ob ich sie zum Reinigen auch hob.

Als ich sie fragte, was denn passiert sei, erklärte sie mir völlig gelassen ihren Putzfrauen-Prüfungs-Plan. Als sei es das Normalste der Welt. Und dann sprach sie den bedeutungsschwangeren Satz:

»Nur, wer sich tief bückt, wird hoch belohnt.«

Keine Ahnung, was sie mir damit sagen wollte oder in welchem Film sie eigentlich war.

Ich wartete auch nicht wirklich eine Erklärung ab.

Nach dreimal Kacke habe ich gekündigt.

Mehr schien mir dann doch zu viel des Guten.

Völlig vorurteilsfrei

Der Verdacht, wir würden klauen und wären faul, begleitet uns Putzfrauen unweigerlich. Und für mich als Polin gilt das noch mal doppelt.

Aber damit lässt sich leben.

Es gibt viele solcher Vorurteile, die natürlich nicht offen zugegeben und nie direkt, sondern nur versteckt geäußert werden.

Ich mache mir mittlerweile einen Spaß daraus, Bemerkungen zu sammeln, die auf den ersten Blick harmlos wirken, aber Missachtung oder ein dickes, fettes Vorurteil verraten, wenn man näher hinsieht:

Hier sind meine Lieblingssprüche:

»Das ist meine Putzfrau.«

Also erstens bezahlst Du mich gerade mal zwei Stunden die Woche, und damit gehöre ich Dir nicht. Zweitens: Überlege Dir doch bitte einen anderen Begriff, wenn Du mich Deinen Freunden vorstellst. Ich sage ja auch nicht: »*Das ist meine Herrin.*«

»Können Sie mit solchen Fingernägeln putzen?«

Soll ich ohne Fingernägel putzen? Schon klar, ich habe gepflegte Nägel, die manikürt sind. Einen halben Zentimeter lang. Französische Maniküre. Nichts Abgedrehtes. Meine Freundin hat ein Nagelstudio. Wo kommt die Frage her?

Dürfen Putzfrauen nicht maniküriert sein? Müssen sie abgebrochene, schmutzige Nägel haben, weil sie ja Arbeiterinnen sind? Hindern Fingernägel daran, Putzmittel zu benutzen oder einen Wischmopp zu schwingen? Geht's noch?

»Ist Ihre Kleidung nicht zu schick zum Putzen?«

Ab wann genau ist es denn zu schick? Soll ich in der Kittelschürze kommen? Oder im Müllsack? Ich werde mir schon überlegt haben, wie ich mich morgens anziehe, wenn ich zum Putzen gehe. Es ist ja nicht so, dass ich von der Arbeit überrascht werde. Also: Nein, ich finde meine Kleidung offensichtlich angemessen. Und da ich es bin, die Ihre Wohnung putzt, sollten Sie mir auch die Kleidungshoheit überlassen.

»Ins 5-Sterne-Hotel? Wie können Sie das denn bezahlen?«

Ich verkaufe nebenbei meinen Körper ... Also ein für alle Mal: Ein Fünf-Sterne-Hotel in Antalya kostet 800 Euro für zwei Wochen. Vollpension und Flug inklusive. Und ja, das kann ich mir als Putzfrau einmal im Jahr leisten. Zwar kann ich mir dann keinen BMW mehr kaufen und auch keine Gucci-Jeans, aber man muss halt Prioritäten setzen. Ist das erlaubt?!

»Habt Ihr Cola in Polen?«

Also, wenn wir morgens von den Bäumen heruntersteigen, finden wir im Dickicht auch manchmal Coladosen, die Touristen aus entwickelten Ländern weggeworfen haben. Aber die sind ja leider immer leer. Deshalb vermute ich, dass Cola existiert, aber mit Sicherheit sagen kann ich es nicht.

»Hast Du vielleicht meine Silberohrringe gesehen?«
Und, begleitet von einem vorwurfsvollen Blick:
»Ich hatte die vorhin hierhingelegt ...???!!!«

Klar habe ich die gesehen, ich hab sie ja eben eingesteckt. Aber das gebe ich natürlich nicht zu, sonst kann ich ja gleich gestehen, dass ich auch die zwanzig Euro, nach denen Du mich letzte Woche gefragt hast, mit vollen Händen ausgegeben habe. Und die goldene Uhr, die Dein Mann schon seit Wochen sucht, hab ich auch verkloppt. Lieber nix mehr rumliegen lassen!

»Was haben Sie denn so lange gemacht?«

Fernsehen geguckt, was gegessen, ein bisschen Zeitung gelesen, telefoniert und dann noch ein wenig Däumchen gedreht. Putzen Sie doch mal selbst, dann sehen Sie, wie lange so was dauert.

»In den Ecken war noch Staub!«

Sicher, und unter dem Schrank links im Eck liegt auch noch eine Erdnuss. Die ist Ihnen letzte Woche beim Knabbern vorm Fernseher auf den Boden gekullert. Ich putze gerne alle Ecken. Aber dann komme ich mit zwei Stunden pro Woche leider nicht hin. Eher vier. Aber das kostet dann auch doppelt so viel. Ach, wollen Sie nicht bezahlen? Na dann ...

»Wie? Sie nehmen ZEHN Euro die Stunde? Das ist ja Raub!«

Hmmm, lassen Sie mich überlegen. Sie verdienen wie viel? Ach so, Sie haben studiert. Stimmt. Wenn ich studiere, bekomme ich dann auch 60 Euro die Stunde? Ich mache Ihnen einen Vorschlag: Sie putzen selbst und legen sich für jede Stunde meinen Lohn weg. In 30 Jahren können Sie dann Ihren Firmenwagen davon ablösen. Wie hört sich das an?

»Ist das ein ORIGINAL Hilfiger T-Shirt?«

Natürlich nicht! Ich war doch schon im Fünf-Sterne-Hotel. Da ist kein Geld übrig für ein Originalteil. Wir Polen sind gut verdrahtet mit der kriminellen Szene. Meine Cousins sind Drogendealer, aber die besorgen mir auch erstklassige Fälschungen. Das Teil hier z.B. ist »vom Laster gefallen«. Oh Mann!

»Sie sind so jung ... Haben Sie überhaupt Putzerfahrung?«

Putzerfahrung? Was soll das sein? Wissen, wie man Spülwasser anrührt? Wie man einen Mopp benutzt? Oder eher Waschmittelkunde? Vielleicht auch die Notwehrmaßnahmen kennen, wenn einen Wollmäuse anfallen? Sieht man Flecken besser mit Erfahrung? Fallen einem intelligentere Putzlösungen ein, wenn man 40 ist? Putzt man eleganter mit 50? Da freue ich mich ja richtig aufs Alter!

Und zum Abschluss der absolute Knaller. Mein Topfavorit:

»Wolltest Du schon immer Putzfrau werden?«

Aber klar! Es war schon immer mein Traum, für fremde Menschen den Dreck wegzumachen. Ich kann mir nichts Schöneres vorstellen, als im Müll zu wühlen, meine Hände in Schmutzwasser zu stecken und Toiletten zu putzen. Immer wenn mich ein junges Mädchen fragt, was es werden soll, frage ich es. Hast Du schon mal ans Putzen gedacht? Das ist für so ein Kind doch ein tolles Ziel. Aber es gibt auch immer wieder erwachsene Quereinsteiger. Das Schöne ist ja, jeder kann Putzfrau werden. Sofort. Vielleicht hätten Sie ja auch Lust?

Marie aus Belgien

Als ich noch neu war in Deutschland, stellte mich Marie ein. Sie war Belgierin, wohnte in der Innenstadt und benötigte eine Putzhilfe für ihre Fünfzimmerwohnung. Zweimal pro Woche. Vier Stunden.

Marie hatte einen deutschen Mann und zwei kleine Jungs, vier und sechs. Ich war sehr gerne bei ihr, denn sie hatte gleich meine Zuneigung gewonnen, als sie mir beim ersten Treffen schon den Wohnungsschlüssel anvertraute.

Alles schien perfekt.

Der Mann, ein Immobilienmakler, war freundlich, ich bekam mein Geld zur angemessenen Zeit, es gab kleine Aufmerksamkeiten zu Ostern und Weihnachten, Kleider für Polen. Das ganze nette Programm.

Anfangs machte es mir nichts aus, dass sie mich selbstverständlich duzte, ich sie aber im Gegenzug siezen musste. Einmal schlüpfte mir ein »Du« heraus, da wies sie mich sofort zurecht, dass sie das nicht wolle. Das sei ihr zu privat. Also achtete ich auf das »Sie«. Kein Problem.
Auch störte es mich nicht, dass sie steif und fest behauptete, sie sei Architektin, obwohl sie nie gearbeitet, irgendetwas entworfen oder gebaut hatte oder auch nur über Architektur Bescheid wusste. Ich fand diese Behauptung nur unnötig. Ich bin doch die Letzte, die ein Problem damit hat, wenn jemand nicht studiert hat oder keinem klassischen Beruf nachgeht.

Im Nachhinein muss ich sagen, dass sich in solchen Dingen schon das Problem andeutete, das in den Folgejahren zur vollen Blüte kam: Marie wurde komplett hysterisch.
Nicht nur erfand sie ohne Grund Identitäten und zog eine überkandidelte Standesgrenze zwischen sich und der Putzfrau.
Das wäre zwar unangemessen, aber noch »normal« gewesen.
Ihre Hysterie führte auch dazu, dass sie ihren Frust nach Streit mit ihrem Mann cholerisch kreischend an mir ausließ.
Und Streit gab es leider sehr oft, weil er sie ständig mit anderen Frauen betrog.

Schließlich wagte ich mich kaum ins Haus und konnte vor schierer Panik kaum noch putzen.
Marie war eine unberechenbare Furie.

Ich war noch zu jung und unsicher in dem fremden Land, um mich zu wehren.
So ertrug ich viel zu viel. Das weiß ich heute.
Froh macht mich nur, dass ich am Ende gewann.
Aber eines nach dem anderen.

Nach meinem ersten Jahr bei Marie kam ein großer Tag: der Umzug in das neu gebaute Haus. 600 Quadratmeter in einer reichen Gegend.
Ich sollte nun dreimal pro Woche kommen.
Zu dieser Zeit bemerkte ich auch, dass etwas mit Marie nicht stimmte.
Einmal putzte ich die Treppe, als sie laut schreiend aus dem Schlafzimmer gerannt kam und zwei Stilettos dicht neben meinem Kopf in die Wand knallten.
Die Absätze hinterließen tiefe Krater im Putz.
Begleitet wurde die Attacke von:

»SCHEISSE, MANN! FUCK! PUTZ SAUBER, DU SCHLAMPE!!!«

Marie hatte sich mit ihrem Mann um Geld gestritten, so viel hatte ich mitbekommen.
Ich war starr vor Schock.

So übertrieben ihre Wut war, so extrem waren auch ihre Sympathiebekundungen. Als ich über das Wochenende nach Polen fuhr, legte sie mir 300 Mark hin. Zwar freute ich mich über den Geldsegen, ahnte aber schon, dass der Preis dafür hoch sein würde, wenn ich wieder zurück war.

Tatsächlich schrie sie mich ein paar Tage später wieder an:

»DU BLÖDE SAU WILLST NUR MEIN GELD!«

Jedes Jahr flogen Marie und ihre Familie in den Urlaub nach Ibiza. Als sie im ersten Jahr ins neue Haus zurückkamen, fand ich einen offenen Brief auf dem Küchentisch. Da meine Kunden oft Nachrichten für mich hinterlassen wie: »Bitte heute Wäsche machen.« – »Bitte nächste Woche nicht kommen.« Oder: »Hast Du meine blauen Socken gesehen?«, las ich den Zettel.
Darauf stand kurz und knapp:

Martin,
ich habe Dein Fremdgehen satt. Es war entwürdigend, im
Urlaub betrogen zu werden. Das allein wäre schon schlimm
genug, aber jetzt hast Du noch nicht mal mehr Geld.
Ich ziehe aus.
Marie

Einen Monat später war das Haus verkauft. Er nahm sich eine schöne moderne Dreizimmerwohnung. Sie zog in einen heruntergekommenen Altbau mit fünf Zimmern. Ich putzte bei beiden.

Das war interessant …

Denn Marie wollte mich als geheime Informantin benutzen. Sie hatte erfahren, dass ihr Mann mit seiner marokkanischen Sekretärin ein Verhältnis angefangen hatte. Also versuchte sie, mich mehr oder weniger geschickt auszuhorchen:

> »Hat er frische Blumen herumstehen?«
> »Hat er neue Bettwäsche?«
> »Wie sah die Bettwäsche aus?«
> »Hat er Kondome im Nachttisch?«
> usw.

Ich hatte Angst vor ihren Wutausbrüchen, deshalb gab ich immer möglichst diplomatische Antworten und behauptete meistens, nichts Auffälliges bemerkt zu haben. Ich wollte nicht zwischen die Fronten geraten in ihrem Rosenkrieg.

Sie schrie mich trotzdem schon an, wenn sie zur Tür hereinkam:

> »ICH HAB DIR DOCH GESAGT, DU SOLLST DIE FENSTER PUTZEN! DU VERARSCHST MICH DOCH KOMPLETT!!!«

> »WO BIST DU DENN SCHON WIEDER? BIST DU ZU BLÖD ZUM PUTZEN?!!!«

Es war ein Grauen.

Schon beim Aufstehen dachte ich voller Angst: »Hoffentlich schreit sie mich heute nicht an.« Ich überlegte zu kündigen, aber für drei ganze Tage findet man schwer Ersatz.

Und trotz allem Gekeife schmiss sie mich nie hinaus. Sie brauchte ja einen Sandsack, um dagegen zu treten. Ich erfüllte diese Rolle offenbar nur zu gut.

Ich wurde immer kleiner.

Wenn Marie vom Reiten kam, schmiss sie ihre dreckigen Reitstiefel ins Küchenwaschbecken und schrie: »LOS, MACH DAS SAUBER!« Wenn sie ihre Tage hatte, pfefferte sie ihre blutverschmierten Unterhosen in die Ecke und ließ sie dort liegen, bis ich sie wusch – oft klebten noch blutige Binden daran.

Lange vorbei waren die Zeiten höflicher Zurückhaltung.

Dann kam es wie so oft: Die Eheleute näherten sich wieder an, er zog bei ihr in den Altbau ein, wenig später wurde wieder ein Haus gekauft. Anscheinend war jetzt wieder Geld da.

Während des Umzugs hatte ich meine Freundin, Iwona, zur Grundreinigung der Wohnung hinzugebeten. Marie mochte Iwona sehr. So sehr, dass sie mir eines Tages die Haustür mit den Worten öffnete:

> »Heute musst Du nicht putzen. Iwona hat das schon erledigt.
> Komm übermorgen wieder.«

Als ich zwei Tage später wieder klingelte, dasselbe Spiel:

»Iwona war gestern schon da. Heute musst Du nicht putzen.«

Das war selbst mir zu viel. Warum ließ Marie mich antanzen, wenn von vornherein klar war, dass sie mich ersetzt hatte? Nach all den Jahren der Erniedrigung hatte ich keine Kraft mehr, keine Motivation mehr für die Arbeit.

Neue Besen kehren besser. Iwona war frisch und unverbraucht. Und sie genoss noch die »Mariesche Schonzeit«.
Toll fand ich das von Iwona nicht, aber mir leuchtete auch ein, dass meine Zeit bei Marie vorbei war.
Ich war ausgebrannt.

Dennoch brauchte ich das Geld. Also schlug ich Marie vor, dass ich doch das Büro, das sich im Haus befand, putzen könne. Und Iwona den Rest. Darauf ließ sich Marie ein.
Ich kam also nun nur noch einmal die Woche für vier Stunden.

Ich gab mein Bestes.
Versuchte, vernünftig zu sein und die langjährigen Verletzungen nicht mein Handeln bestimmen zu lassen.

Aber irgendwann schrie Marie mich wieder an.

Und da brach der Damm.
Ich war es müde, erniedrigt zu werden.
Ich wollte einem Menschen keine Macht mehr über mich geben.
Ich hatte genug.

Zum ersten Mal in meinem Leben schrie ich zurück.

»Weißt DU was? Du bist eine blöde Hexe! Du kannst mit kleinen Leuten wie mir nicht umgehen. Du fühlst Dich nur wohl mit Menschen, die dicke Autos fahren und viel Geld haben! Du behauptest, ich könnte noch nicht einmal putzen. Aber dass Du Deine dreckigen Unterhosen im Schrank versteckst und mich wie Scheiße behandelst, erzählst Du nicht! Du bist so armselig!«

Das hatte gesessen. Und es tat gut. Marie stammelte irgendetwas davon, dass sie gar nicht geahnt habe, dass ich so leide bei ihr. Aber eine Entschuldigung hielt sie auch nicht für nötig.
Ich verließ das Haus und kam nie mehr zurück.
Iwona putzte brav wie ein Sklave, bis sich Marie an sie gewöhnt hatte. Dann ging dasselbe Drama los.
Nach ein paar Monaten kündigte auch Iwona, weil sie das Geschreie nicht mehr aushielt. Sie nahm das Vorschussgeld, das Marie ihr bezahlt hatte, als Schmerzensgeld und ging nie mehr hin.

Ich fand das geschmeidig.
Und ich hätte es auch so machen sollen.
Meine ausstehenden 80 Euro habe ich nie bekommen.

Aber was soll's, Marie soll sich dafür etwas Gutes tun. Sie hat es nötig. Denn letztens erfuhr ich: Ihr Mann ist ausgezogen. Zu einer anderen Frau.

Ich kann's verstehen.

Die Promis

In einem lichten Moment der Güte empfahl Marie mich einmal einem befreundeten Pärchen. Ich fuhr hin, sie mochten mich. Noch heute putze ich dort zweimal pro Woche. Dienstags und freitags. Sie haben drei Kinder, zwei Jungs und ein Mädchen.

Ich nenne die Familie »die Promis«, denn sie lassen keine Gelegenheit aus zu betonen, welche berühmten Leute sie kennen und wie wichtig sie selbst sind.
Ich glaube, sie ordnen sich selbst in der Bedeutung irgendwo zwischen Papst und Michael Jackson ein:

»Gestern waren wir mit Vitali (Klitschko) essen.«
»Da sagt doch neulich die Verona (Poth) zu mir ...«
»Der Reinhold (Beckmann) hat mir da ein Restaurant empfohlen ...«
»Weißt Du, wir duzen uns.«

Seine Handynummer wollte mir Herr Promi nur geben, wenn ich ihm hoch und heilig verspräche, dass ich sie auch niemandem weitergäbe:
»Du weißt ja gar nicht, wie viele Leute dafür töten würden, diese Nummer zu bekommen. Die darf auf keinen Fall in die Öffentlichkeit gelangen.«

Kein Thema, 007, ich schweige wie ein Grab ...

Ansonsten ist Herr Promi ein ganz Witziger. Wenn er mit mir redet, wiederholt er gerne, was ich sage. Aber mit einem italienischen Akzent. Das findet er ganz vorzüglich.
Wenn ich also zum Beispiel frage:

»Kann ich morgen eine halbe Stunde später kommen?«

Gibt er mir keine Antwort, sondern äfft mich nach:

»Egann is emorrgän gommän albe sdundä zpääter?«

Darauf ich:

»Ja, witzig. Und, kann ich jetzt?«

Dann wieder er:

»Ewidsisch! Egann is jäds?«

In seinen Witzigkeitsphasen ist dann keine Antwort aus ihm herauszubekommen. Irgendwann bin ich so entnervt, dass ich es einfach sein lasse.

Herr Promi ist aber auch ein Sprachengenie. Nicht nur Italienisch beherrscht er ganz vortrefflich, sondern auch meine Muttersprache. Polnisch.
Wenn er mich anspricht, nennt er mich nie bei meinem Namen, sondern sagt immer nur: *»Dobrze«.*
Gesprochen wird das wie »dobsche« und bedeutet »gut«.
Warum mich Herr Promi »gut« nennen will, erschließt sich mir zwar nicht, aber wenn es ihm Spaß macht, kein Problem:

»Hallo, Gut!« – »Gut, kannst Du bitte mal herkommen?« –
»Wo ist denn Gut?«

Von mir aus.
Ich wurde schon wesentlich Schlimmeres genannt.
Fünf Jahre lang habe ich es einfach hingenommen.
Vor einem Jahr allerdings war es dann auch mal gut …

Frau Promi war derzeit mit dem dritten Kind schwanger.

Weil ich gerade meine Hochzeit plante und dafür in Polen
war, hatte ich meine Mutter als Vertretung eingesetzt. Diesen
Einsatz sagten mir die Promis per SMS kurzfristig ab:

Deine Mutter soll morgen nicht kommen. Nicht nötig.
Danke.

Okay, also sagte ich meiner Mutter aus Polen per Handy ab.
Sie war ganz froh darüber, denn sie hatte gerade sehr viel zu
tun und nur aus Nettigkeit zugesagt, weil Frau Promi schwanger war. Und Schwangere, so meine Mutter, muss man unterstützen.
Aus diesem Grund sagte sie auch wieder als Vertretung zu, als
ich in den Sommerurlaub fuhr: »Schwangeren darf man nicht
absagen.« Dafür hatte sie zum zweiten Mal eine andere Putzstelle abgesagt.

Und natürlich lag ich in Ägypten am Strand, als mein Handy,
das ausnahmsweise an war, eine SMS meldete.

Promis: Hallo Dobje! Kannst Du uns die Nummer von Deiner
Mutter geben. Wir möchten ihr für morgen absagen.

Ich: Nicht Dobje, sondern DOBRZE!!! Außerdem ist mein Name JUSTYNA! Ist auch nichts Neues, dass ihr STÄN-DIG absagt, wenn ich Euch eine Vertretung organisie-re!

Promis: Sehr geehrte Justina, die Absage hat Gründe, die ich nicht erzählen möchte – sorry, dass ich einen Spaß ge-macht habe – schönen Urlaub.

Ich: Es reicht, wenn Du Justyna sagst! Ich habe einen Namen wie Du auch! Und meine Mutter hat sich die Zeit extra freigeschaufelt!

Ich war so sauer über dieses ständige Hin und Her, dass ich gleich zum Rundumschlag ausholte.

So was hätte ich zu Maries Zeiten nicht gewagt. Heute bin ich da weniger geduldig und wesentlich direkter. So leidet man weniger.

Zwar war Herr Promi dann zwei Monate lang eingeschnappt, aber das ging vorbei.

Und seit meiner SMS bin ich »Justina«.

Am »Y« arbeite ich noch.

Ich weiß nicht, ob es an der Freundschaft mit Marie liegt, aber ein wenig überspannt sind die beiden Promis auch. Ihrem damals neunjährigen Sohn bestellten sie zum Geburtstag das neue iPhone, das hier noch nicht auf dem Markt war. Die Tochter ist zehn und bekommt ihre Augenbrauen regel-mäßig gezupft: »Man kann damit gar nicht früh genug anfan-gen!«

Aha …

Vom Wert ihrer Kinder ist Frau Promi tief überzeugt:

»Weißt Du, Justyna, egal wo ich meine Kinder hinschicke, überall sagen die Leute, sie seien so höflich, brav und immer willkommen.«

Ich habe da eine andere Meinung: Wenn ich putze, rennen sie durch den frisch gewischten Raum, grüßen mich nicht und zeigen in der Stadt, wenn sie mich sehen, keine Reaktion. Höflich ist etwas anderes.

Dass es hinter der Liebesfassade nicht ganz so sauber aussieht, zeigt diese Begebenheit:

Letzte Woche kam eine Freundin mit ihrem kleinen Sohn zum Mittagessen.
Frau Promis Tochter hatte auch eine Freundin von der Schule mitgebracht. Schon an der Haustür jammerten die Kleinen: »Wir haben Hunger!« Da holte Frau Promi, als es endlich Essen gab, nur drei Teller für sich und die Gäste heraus und sagte zu den beiden Mädchen:

»Tja, das ist fies, am Tisch zu sitzen und nichts zum Essen zu bekommen.«

Darauf die beiden:

»Komm, wir gehen nach oben, dann müssen wir wenigstens das Essen nicht sehen.«

Ich war sprachlos.
Nach einer Stunde drückte Frau Promi ihrer Tochter zehn Euro in die Hand und schickte sie zu Kentucky Fried Chicken: »Holt Euch Hähnchen.«

Als die beiden aus dem Haus waren, wandte sie sich an ihre Freundin mit den Worten:

>Die schieben sich jetzt das fette Hähnchen rein. Aber wir essen gesund!<

Zwanzig Minuten später kamen die Kinder zurück. Als die Freundin das Hähnchen roch, sprang sie auf und verkündete:

>Oh, lecker, ich geh uns auch welche holen!<

Sprach's und verließ das Haus.
So viel zum Thema »gesundes Essen« …

Dass die Promis hinter einer glitzernden Fassade weit über ihre Verhältnisse leben, wurde mir klar, als ich bei einer anderen Familie putzte und dort ein schickes Foto sah.
»Das war beim Ball des Sports in Wiesbaden«, erklärte mir die Hausherrin.
Der Ball des Sports ist eine VIP-Veranstaltung und eine High-Security-Angelegenheit, in die man nur auf Einladung hineinkommt. Wochen vorher muss man Passkopien hinschicken, um auf die Gästeliste gesetzt zu werden.
Steht der Name nicht darauf, kommt man nicht hinein.

Herr und Frau Promi waren auch da.
Natürlich.

Sie hatten mir schon alles erzählt.
Alle wichtigen Leute hatten sich gefreut, sie zu sehen:

»Weißt Du, Justyna, wir wollen da ja gar nicht hin. Aber unsere ganzen Freunde wären so enttäuscht gewesen. Na ja, es ist aber auch schön, sie alle wiederzusehen. So ein Spaß!«

Die Hausherrin kannte die beiden.

»Die? Weißt Du, wie die hineinkamen? Die kennen einen Koch der Cateringfirma. Der hat sie durch die Hintertür reingelassen.«

Zum Beweis zeigte sie mir die Gästeliste.
Die Promis standen nicht darauf.

Die portugiesische Prinzessin

Eine weitere Freundin von Marie aus Belgien ist eine Portugiesin um die vierzig. In einem früheren Leben war sie mal Altenpflegerin. Dann hat sie sich einen reichen Mann geangelt. Jetzt ist sie feine Dame.

Ich lernte die Gute noch in ihren armen Tagen kennen. Als Altenpflegerin verdient man bescheiden. Aber ihr Mann, ein Italiener, brachte seinen Verdienst dazu, dann reichte es auch für eine Putzfrau. Ich kam zweimal pro Woche zu der Familie mit einer kleinen Tochter.
Sie waren alle ganz nett und die Portugiesin eine angenehme Kundin.

Bis sie etwas Besseres wurde.

Irgendwann lernte sie einen deutschen Mann kennen, der reich geerbt hatte. Sie verließ ihren Italiener und heiratete den Reichen.

Jetzt war sie quasi Großfürstin.
Und um das wirklich überzeugend darzustellen, muss man die Angestellten entsprechend behandeln.
So rutschte ich innerhalb einer Woche von Augenhöhe auf Absatzniveau.

Saßen wir vorher immer mal wieder eine halbe Stunde gemeinsam am Küchentisch und unterhielten uns vor der Arbeit, vermied sie nun peinlichst jedes Gespräch mit mir. Nur noch kurze Anweisungen wurden mir mitgeteilt. Unser vorheriges »Du« verwandelte sich in ein distanziertes »Sie« zurück.

Ich wurde mit abfälligen Kommentaren bedacht (»Das ist Staub! Sind Sie blind? Setzen Sie mal Ihre Brille auf!«) und wurde für die Großfürstin offenbar so etwas wie ein Schmutzhaufen mit permanenter Ansteckungsgefahr:

Ich erinnere mich, wie ich in der Küche ein Glas Wasser abstellte, aus dem ich gerade etwas getrunken hatte. Die Großfürstin kam herein, verwechselte mein Glas mit ihrem und trank daraus.

Höflicherweise wies ich sie darauf hin, dass das mein Glas sei.

Darauf Sie kreischend: »WAAAAS? BÄÄÄÄH! IIIIH!!!« Würgend ließ sie das Glas aus der Hand fallen und spuckte in die Küchenspüle, um sich anschließend die Zunge mit einem Tuch abzureiben.

Ich kann das ja verstehen. Ich meine, nichts ist schlimmer, als sich mit dem Putzfrauenvirus anzustecken.

Da wachsen einem nachts Gummihandschuhe an den Händen.

Die bekommt man nie mehr ab.

Und wie sieht das denn aus bei einer Großfürstin?!

Da ist die Panik schon gerechtfertigt.

Aber besonders ladylike sah die Aktion nicht aus …

Wie dem auch sei, irgendwann in der Wirtschaftskrise muss die portugiesische Prinzessin in Geldnöte geraten sein. Und was liegt da näher, als sich das fehlende Geld von der Putzfrau zu holen?!

Aber ich war ja auch selber schuld.
Ich hatte einen Fehler gemacht:
In einem Anfall geistiger Umnachtung (der Putzfrauenvirus?) hatte ich den roten Socken übersehen, der sich im Bettüberzug versteckte. Nach der Wäsche waren ein Pulli und eine Hose verfärbt.

Ich fühlte mich furchtbar und beichtete sofort.
»Kein Problem«, war die großzügige Antwort.
Ich bot an, für den Schaden aufzukommen.
»Ach was, das kann doch mal passieren.«
Ich war erleichtert, dass sie es so locker sah, und vergaß die Episode.
Ein halbes Jahr später machte ich die zweimonatliche Abrechnung und wollte beim nächsten Besuch wie immer das angefallene Geld mitnehmen.
Aber da lagen nur 20 Euro.
Das waren 700 Euro zu wenig.

Das konnte ich mir nicht erklären und rief die Gute deshalb am nächsten Tag an.

Ich: Hallo! Ich wollte gestern das Geld abholen, aber irgendwie waren da nur 20 Euro.
Sie: Ja? Und?
Ich: Äh, das sind 700 Euro zu wenig …
Sie: Das stimmt schon so, Justyna. Die habe ich einbehalten.
Ich: Einbehalten? Wieso?

Sie: Weil Sie mir einen Pulli und eine Hose zerstört haben.

Ich: Was? Aber das war doch schon vor Monaten, und Sie haben doch schon zweimal die volle Rechnung bezahlt! Außerdem sagten Sie doch, dass es nicht so schlimm wäre.

Sie: Ich habe noch einmal darüber nachgedacht. Ich finde das fair.

Ich: Ich nicht!

Sie: Sie haben ein Recht auf Ihre Meinung.

Wie großzügig! Sind wir jetzt unter die Gnadengeber gegangen?

Leider kann ich mir aber rein gar nichts davon kaufen, Gnädigste.

Aber es war nichts zu machen.

Ich verzichtete auf mein Geld und versuchte mich mit dem Gedanken zu trösten, dass ich die Wäsche ja auch wirklich verfärbt hatte. Aber es blieb ein bitterer Nachgeschmack; zumal mir 700 Euro für die beiden Teile doch etwas hoch vorkamen …

Und das war die Frau, die früher die Marke »Prada« nicht kannte und jetzt vier Paar praktisch identischer Pradaschuhe im begehbaren Kleiderschrank aufbewahrte, die sich nur durch die Farbe der kleinen Schleife an der Hacke unterschieden: rosa, lila, blau und pink. Neben 150 weiteren Paaren von Gucci bis Gabbana.

Die offensichtlichen Geldprobleme führten dazu, dass die ganze Familie nach Portugal zog, »weil dort das Leben viel billiger ist«.

Vor dem Umzug standen – neben den 700 – noch 985 Euro aus, die ich für geleistete Arbeit zu bekommen hatte. Drei Monate lang musste ich darum betteln, dass ich sie auch bekam.

Ich schrieb eine SMS, rief an, ging vorbei.

Schließlich bekam ich einen Umschlag mit exakt 985 Euro. Nach sieben Jahren und vier Monaten Arbeitsverhältnis kam es der portugiesischen Prinzessin nicht in den Sinn, die Summe rund zu machen.

Als Abschiedsgeschenk und kleines Dankeschön.

15 Euro machen manchmal den ganzen Unterschied.

Kleine Geschenke erhalten die Freundschaft

Es hat sich eingebürgert, der Putzfrau ein Weihnachtsgeschenk zu machen. Die meisten Kunden geben Geld, das sie oft sehr kreativ verpacken, falten oder sonstwie präsentieren. Die Höhe des Weihnachtsgeldes variiert in der Regel stark: 10, 20, 50, 100 und manchmal sogar 200 Euro.

Weihnachten empfindet man als eine tolle Gelegenheit, der Perle die Wertschätzung zu zeigen, die man für sie empfindet.

Dass die aber nicht immer überwältigend groß ist, lassen einige Geschenkideen vermuten, die ich zu meiner eigenen Belustigung gesammelt habe.

Gerne teile ich sie mit Ihnen.

Hier kommt zum Abschluss noch meine persönliche Hitliste der besten Weihnachtsgeschenke.

Ich kann Ihnen versichern, ich habe sie alle tatsächlich bekommen. Manchmal sogar mit einem netten Spruch garniert …:

Eine Packung Lebkuchen
vom Vorjahr …

Ein Buch mit Putztipps
»Fachliteratur«

Ein Langenscheidt Deutsch
»Bildung ist so wichtig.«

Eine Steige Obstkonserven
»Für Polen«

Ein Fresskorb
Alles eine Woche vor dem Ablaufdatum

Ein Teelicht und einen Teebeutel
»Für einen entspannten Feierabend!«

Ein Beutel Kräutermischung
»Leckere Salatkräuter«

Ein 5-Euro-Gutschein für H&M
Reicht für einen Haargummi ...

Ein Zwei-Euro-Stück
»Gehen Sie mal schön was trinken!«

Ein Würfel Traubenzucker
»Damit Sie auch immer viel Energie beim Putzen haben!«

Ein Kugelschreiber
von der Deutschen Bank!

Zwei Flaschen Aldi-Wasser
ohne Kohlensäure ...

Ein Notfallnähset
aus dem Hotel

Kleine Geschenke erhalten die Freundschaft ...

Es gäbe noch so viel zu berichten.

Von Juan, dem Spanier, der gerne Frauenunterwäsche trägt.

Oder von Dieter, der mir seine bevorzugten Sexpraktiken auf einer Schaumstoffmatte demonstrierte.

Von Doris, die sich immer zu enge Klamotten kauft, weil sie abnehmen will, es aber nie schafft.

Oder von Mareike, die ihren Mann betrügt, während ich das Wohnzimmer putze.

Geschichten gibt es genug.

Aber es muss auch mal ein Ende geben.

Nur noch eine Geschichte bleibt zu erzählen.

Die von Herrn Schneider.

Epilog

Herr Schneider?!
HERR SCHNEIDER!«
Oh Gott, er war tot!

In panischer Angst rüttelte ich ihn.
Röchelnd bewegte sich der alte Mann.

Ich rannte zum Fenster, zog hastig den Rollladen nach oben
und riss die Balkontür auf.
Licht und frische Luft strömten in den Raum.
Ich sah mich um.

Überall lagen leere Einmachgläser. Dazwischen ein paar Fla-
schen Bier und Korn.
Reste des Inhalts der Einmachgläser hatten sich auf dem
Boden mit dem Alkohol vermischt, der aus den fast leeren
Flaschen tropfte.
Es roch streng nach Fisch.

Herr Schneider lag auf seinem Bett und stöhnte.
Vor ihm eine Lache Erbrochenes.
Seine Hose sah aus, als habe er es nicht mehr rechtzeitig auf
die Toilette geschafft. Der von ihr ausgehende Gestank unter-
stützte meine Vermutung.

Ich lief hinüber zu ihm, umschiffte dabei die schlüpfrigen
Bodenflächen und packte ihn an der Schulter:

»Herr Schneider! Was ist denn los? Sie haben mir einen Rie-
senschreck eingejagt! Was ist denn passiert?«

Er konnte kaum antworten. Und ich verstand von seinem
Gebrabbel kein Wort.

Also rief ich den Notarzt an und hielt Herr Schneiders Hand.
Zehn Minuten später klingelten zwei Sanitäter an der Tür,
untersuchten Herrn Schneider kurz und nahmen ihn mit ins
Krankenhaus.

Ich blieb besorgt in der leeren Wohnung zurück und machte
mich ans Aufräumen.

Die Woche darauf erhielt ich einen Anruf.
Von einem völlig zerknirschten Herrn Schneider.
Man hatte ihn – nachdem er seinen Rausch ausgeschlafen
hatte – wieder aus dem Krankenhaus entlassen.

Er entschuldigte sich unzählige Male. Es sei ihm sehr peinlich,
dass er sich so habe gehen lassen. Aber es gäbe einen Grund.
Und den wolle er mir jetzt verraten. Und dann kam die rüh-
rendste Geschichte, die ich je gehört hatte:

Herr Schneider hatte sich verliebt.
In eine Polin.
Mariola war 67, knapp zehn Jahre jünger als er selbst.

Sie hatten sich beim »Tanzkaffee« kennengelernt. Ich wusste
gar nicht, dass es so was gibt. Da wird die Stadthalle jeden
zweiten Sonntagnachmittag geschmückt, und an die hundert
Rentner treffen sich zu Kaffee und Kuchen. In der Mitte eine

Tanzfläche. Dahinter ein Alleinunterhalter, der die Erinnerung der Alten zum Klingen bringt.

Herr Schneider hatte Mariola aufgefordert, und die beiden tanzten bis in den Abend.
»Danach habe ich sie nach ihrer Telefonnummer gefragt.«
Der Klassiker.

Herr Schneider und Mariola trafen sich in der Folgezeit ein paar Male, und der ältere Herr begann, sich in die rüstige Dame zu verlieben. Auf seine Art.

»Ich hätte so gerne jemanden fürs Alter. Ich will nicht alleine sein. Eine liebe Frau, die mir kocht und den Haushalt macht. Eine gute Seele, die da ist und mit mir den Tag verbringt. Und die Nacht.«

Leider hatte Mariola keine Lust, Herrn Schneider den Haushalt zu machen. Sie war seit 20 Jahren Witwe und hatte einen selbstbewussten Lebensstil kultiviert.

»Ich habe keinen Platz für einen Mann, der sich von mir versorgen lassen will«, hatte sie ihm nach seinem Geständnis eröffnet.

Diese direkte Abfuhr hatte Herr Schneider nicht ritterlich hingenommen. Wie ein geschlagener Hund lief er heim, griff sich ein Bier und machte ein Glas der eingelegten Rollmöpse auf, die ihm Mariola eine Woche zuvor mitgegeben hatte.
Er verschlang die sechs gerollten Fische, spülte sie mit Bier hinunter und merkte, wie es ihm guttat. Und nahm sich ein zweites Glas aus dem Regal. Und eine zweite Flasche. Der

Grad der Entspannung und gleichzeitigen Sättigung ließ sich bei der dritten Runde noch steigern. Eine vierte folgte. Die fünfte ließ den Nebel des Vergessens aufsteigen, und an die sechste konnte sich Herr Schneider gar nicht mehr erinnern.

Er muss die Konserve im Schlafzimmer getilgt haben. Irgendwann habe er dann auf dem Bett das Bewusstsein verloren.

Herr Schneider wachte erst wieder auf, als der Notarzt im Krankenhaus an ihm rüttelte.

»Herr Schneider, wie können Sie sich nur so gehen lassen?! Wegen einer Frau!«, entfuhr es mir.
»Ich weiß ... Aber sehen Sie, Justyna, ich bin alt und ein Narr.«
Ich hätte ihn am liebsten in den Arm genommen.

»Aber immerhin, das Ganze hat auch sein Gutes. Mariola hat mich im Krankenhaus besucht, und morgen gehen wir essen. Ich glaube, sie hat mich doch ganz gern.«

»Also, Herr Schneider, dann erwähnen Sie aber bitte nichts mehr von Versorgung im Alter! Machen Sie ihr Komplimente und erzählen Sie ihr, wie gerne Sie mit ihr zusammen sind. Sonst wird das nichts!«

Ich weiß nicht, ob es an meinem wohlgemeinten Ratschlag lag oder daran, dass Herr Schneider durch seinen Zusammenbruch etwas gelernt hatte.
Auf jeden Fall zog Mariola vier Monate später bei Herrn Schneider ein.

Seitdem putze ich für beide.

Und an manchen Tagen fragen sie mich, ob ich nicht nach der Arbeit einen Kaffee mit ihnen trinken wolle.

Ich sage nie nein.

Dann erzählen wir uns Geschichten aus Ostpreußen und Polen.

Ich liebe meine Nachmittage bei Herrn Schneider und Mariola.

Und manchmal frage ich mich, ob ich je so viel erlebt hätte, wenn ich keine Putzfrau wäre?

Ich glaube nicht.

Und so bin ich für all das vor allem eines: dankbar.

Ich bin Putzfrau.

Mein Leben ist reich.